Mulheres
em
ORAÇÃO

Dados Internacionais de Catalogação na Publicação (CIP)
(Câmara Brasileira do Livro, SP, Brasil)

Costa, Anne
    Mulheres em oração: 100 reflexões e inspirações
para renovar a alma feminina / Anne Costa; tradução
de Maria Elizabeth Hallak Neilson. – Petrópolis, RJ:
Vozes, 2016.

    Título original: Refresh me lord!: meditations to
renew a woman's spirit.
    Bibliografia

    2ª reimpressão, 2017.

    ISBN 978-85-326-5208-9

    1. Mulheres cristãs – Vida religiosa 2. Oração –
Cristianismo I. Título.

16-00005   CDD-248.843

Índices para catálogo sistemático:
1. Mulheres : Oração : Vida cristã : Cristianismo   248.843
2. Oração : Mulheres : Vida cristã : Cristianismo   248.843

ANNE COSTA

Mulheres
em
ORAÇÃO

100 reflexões e inspirações para renovar
a alma feminina

Tradução de Maria Elizabeth Hallak Neilson

EDITORA
VOZES

Petrópolis

Editoração: Maria da Conceição B. de Sousa
Diagramação: Sheilandre Desenv. Gráfico
Capa: WM design

ISBN 978-85-326-5208-9 (Brasil)
ISBN 978-1-59325-134-5 (Estados Unidos)

Editado conforme o novo acordo ortográfico.

Este livro foi composto e impresso pela Editora Vozes Ltda.

Em memória amorosa de

Anthony A. Cardozo

29 de setembro de 1931-7 de abril de 2008.

"Te amo, papai ☺"

Sumário

Introdução

Renova-me com a luz da sua presença, e me mostre a sua face como meu amigo.

Tomás de Kempis

Em sua carta apostólica dirigida às mulheres, o falecido papa – e agora santo – São João Paulo II, escreveu:

> A força moral da mulher, a sua força espiritual, une-se à consciência de que Deus *lhe confia de uma maneira especial o homem, o ser humano* [...]. Portanto, a "mulher de valor" (Pr 31,10) se torna um amparo insubstituível e uma fonte de força espiritual para os outros, que percebem as grandes energias do seu espírito. A estas "mulheres perfeitas" muito devem as suas famílias e, por vezes, as nações[1].

A verdade emocionante é que todas, e cada uma de nós, têm a capacidade de ser uma mulher perfeitamente autêntica, com o potencial de levar Cristo aos outros de uma maneira única e distinta.

Mas não é algo que possamos fazer apenas por vontade própria. Antes de nos tornarmos fonte de fortaleza espiritual para os outros, precisamos tirar um tempo para nós mesmas e permitir que o Senhor nos restaure e nos renove.

Nossa vida é ocupada, nosso coração repleto e nossa mente, não raro, cheia de preocupações com os detalhes e as responsabilidades diárias que nos cabem. Porém, em meio a tantas obrigações e afazeres, ecoa o chamado para abraçar e renovar o vigor de nossa vocação coletiva. Porque, independente de nossa posição social, a nossa índole feminina é necessária.

Mulheres em oração – 100 reflexões e inspirações para renovar a alma feminina é meu presente para você. O que começou como o sonho de escrever este livro quase doze anos atrás, se transformou numa missão pessoal para incentivar, afirmar e inspirar mulheres com estilos de vida os mais variados. Estamos todas juntas nessa jornada, enquanto nos esforçamos para atender às exigências da vida moderna, procurando crescer no exercício dessa vocação misteriosa, quase sublime, da verdadeira feminilidade.

Que este livro seja um companheiro de estrada, um auxílio para conectar você ao derramamento da graça de Deus e ao recebimento de uma infusão da alegria divina. Você pode ler as 100 reflexões na ordem em que estão apresentadas, ou simplesmente abrir o livro ao acaso e ler o que surgir à sua frente. As sugestões espirituais intituladas "Só por hoje", que encerram cada meditação, destinam-se a funcionar como ponto de partida para a sua reflexão pessoal. Talvez você possa utilizá-las para iniciar suas anotações pessoais, ou comentá-las nas conversas com outras pessoas. Se você participa de um grupo de estudo, a sugestão é lançar mão do "Só por hoje" como um tópico de abertura dos debates. Se algo neste livro lhe parecer proveitoso ou inspirador, a probabilidade é que também possa ser do interesse de alguém; logo, passe adiante o que você descobrir, pois todas nós precisamos de alimento espiritual para seguir em frente.

É, de fato, uma graça surpreendente Deus estar pessoalmente interessado em cada aspecto de nossa vida. Seu coração, sua alma e seu espírito são criações preciosas de Deus. Assim, quando você estiver se sentindo vazia, ou cansada, lembre-se de que o Senhor está a uma prece de distância. Ele é seu amigo, está sempre disposto, desejoso e pronto para renovar você com a luz da sua presença amorosa.

Anne Costa

1
Um sim total

Eis aqui a serva do Senhor! Faça-se em mim segundo a tua palavra.

Lc 1,38

No início de cada ano, muitas vezes experimentamos uma certa agitação interior que nos leva a refletir sobre onde estamos e para onde vamos. Em algumas pessoas, o começo de um novo ano provoca sentimentos de expectativa e entusiasmo; em outras, maus presságios ou apreensão.

Seja encarando o início de um novo ano ou de um novo dia, cada uma de nós tem a oportunidade de recomeçar e embarcar em aventuras inesperadas. Quaisquer que nossos planos possam ser, o mistério do futuro permanece aquilo que é – um mistério.

Portanto é justo que, como católicas, reservemos alguns dias e meses no decorrer do ano para meditar sobre Maria e celebrá-la. Mais do que qualquer outra pessoa na história, ela mergulhou no mistério do desconhecido ao dizer "sim" a Deus no momento da Anunciação. É possível que Maria não houvesse compreendido inteiramente o que estava lhe acontecendo, ou como sua vida mudaria em consequência da visita do anjo. Porém, por intermédio de seu *fiat*, Maria confirmou seu comprometimento com Deus e se permitiu ser usada por Ele para redimir a humanidade. Assim, toda a sua vida se tornou um reflexo da profundidade do amor de Deus. Ela expressou assombro e admiração diante do papel que iria desempenhar no plano de salvação ao proclamar, no *Magnificat*: "Porque Ele olhou para a humildade de sua serva. Todas as gerações, de agora em diante, me chamarão feliz" (Lc 1,48).

A exemplo de Maria, cada uma de nós tem um papel importante a cumprir no plano perfeito de Deus. Somos todas peregrinas com a missão de servir no amor. Que possamos acolher esse chamado incomparável que Deus nos faz com a mesma receptividade e despojamento demonstrados por Maria. Não precisamos esperar até o início de um novo ano para oferecer o nosso sim total a Deus. Como Maria, vamos caminhar com Deus, confiantes, à medida que o mistério de nossa vida se desdobra diante de nós.

*Amado Senhor, conduze-me ao longo de
seu caminho de bondade e amor. Ajude-
-me a entregar em suas mãos meus planos e
projetos, assim como fez Maria, e a dizer sim
a tudo o que você pede de mim.*

SÓ POR HOJE
Vou dizer sim a Deus.

2
Leve-o com você também

Ide, pois, fazer discípulos entre todas as nações.
Mt 28,19

Na entrada de uma igreja, lê-se a placa: "Você está prestes a participar do mais grandioso culto que o mundo jamais conheceu – o santo sacrifício da missa. Seja reverente, piedoso e aberto à graça de Deus". Antes da missa, costuma reinar a quietude dentro da igreja e a maioria das pessoas, ajoelhada, reza em silêncio. É o momento de nos recolhermos e prepararmos nosso coração para a maravilhosa experiência a seguir. A placa na porta indica o cenário e envia uma mensagem: alguma coisa especial está prestes a acontecer.

Somos católicas e assim nos é concedida a bênção de participar da celebração da Eucaristia. Receber o verdadeiro corpo e o verdadeiro sangue de Cristo é um privilégio que ultrapassa qualquer experiência terrena. De fato, é algo tão admirável, que não deveríamos guardá-lo apenas para nós. Ao voltarmos para nossa casa e família, para nosso trabalho e atividades, podemos compartilhar o milagre que acabamos de vivenciar – levando Cristo conosco para o mundo.

É preciso que o tempo que passamos na missa nos mude para melhor. Se outras pessoas estivessem nos observando, iriam notar alguma diferença na nossa conduta, na nossa postura e ações quando saíssemos da igreja? Talvez não possamos ser como Moisés, que se retirava da tenda de Deus brilhando com tamanha intensidade que necessitava se cobrir; entretanto, devemos trazer dentro de nós o desejo ardente de partilhar Cristo com os outros.

Deus nos tem feito, a cada uma de nós, um convite público: participar da sua graça na missa. Ao aceitar o convite, nos perguntemos: Como o meu encontro com Jesus me tornará diferente? Como o amor transformador de Deus está verdadeiramente presente em mim? O que Deus quer dizer ao mundo através de mim? Nós já sabemos que o mundo precisa, desesperadamente, daquilo e de quem encontramos quando vivenciamos a missa. Cabe a nós levar Cristo ao mundo e, quando o fazemos, o efeito será sempre nada menos que extraordinário!

Senhor, inunde-me com a sua presença todas as vezes que eu participar da missa, de modo que eu possa levá-lo comigo para os outros.

Só por hoje
Vou convidar Jesus a me mudar para melhor.

3
Desapegue-se do caos

*Ela supervisiona o andamento da casa, e não
come o pão da ociosidade.*

Pr 31,27

O inimigo de nossa alma se vale de muitas estratégias para nos tirar do caminho daquilo que Deus tem planejado para nós. Seu vasto repertório de truques visa nos manter presas a tentativas frustradas e meras boas intenções. Satanás sempre procura fortalecer suas amarras, mesmo enquanto Cristo derrama sua graça para nos ajudar a desatá-las.

Uma de suas táticas mais eficaz é nos conservar imersas na rotina mecânica da vida. Se somos incapazes de levar qualquer coisa até o fim porque estamos sempre correndo atrás da última novidade, ou se administramos nosso tempo por instinto, na base do improviso, não atingiremos nosso potencial máximo para servir a Deus. Não podemos dar o melhor de nós para a construção do Reino se não conseguimos nem sequer organizar a bagunça da nossa própria casa, ou observar a pontualidade. Quando nos voltamos para o Senhor, em busca de auxílio para que sejam restaurados a ordem e o equilíbrio necessários para servi-lo, é provável que nos deparemos com algumas verdades incômodas enterradas sob o caos de nossa vida.

Acumulação e desorganização costumam funcionar como barreiras à intimidade com os outros e interferir na nossa capacidade de servir ao Senhor. Se encontramos dificuldade para nos desapegar das "coisas", talvez nos descubramos agarradas a mais do que simples bens materiais. Se nos sentimos à beira de um ataque de nervos, ou se ficamos excessivamente estressadas, ou até deprimidas, só de pensar em fazer uma arrumação nos armários, ou colocar os afazeres em dia, existe a possibilidade de havermos nos transformado em escravas de nossos pertences. Aproveitando-se dessa brecha, o inimigo lança mão de nossas posses, ou mesmo de nossas emoções, para nos manter prisioneiras de um padrão autodestrutivo de procrastinação e escape da vida abundante que Cristo quer nos conceder.

Restabelecer o equilíbrio do espaço físico da nossa vida converte-se, então, num exercício de maturidade espiritual. Reflita sobre os seus padrões de comportamento e peça ao Senhor para guiá-la nos passos graduais rumo a um estilo de vida mais sereno e pleno. Acredite que você pode ter uma vida assim, reivindique-a para si e – junto com Cristo – desapegue-se do caos e da confusão – uma "coisa" e um dia de cada vez.

Senhor, obrigada por me ajudar a conquistar mais autocontrole e ordem na minha vida. Liberte-me da escravidão do caos.

SÓ POR HOJE
Vou escolher uma área da minha vida que esteja confusa e começar a colocá-la em ordem.

4
Sementes do serviço

*Aquele que dá a semente ao semeador e
lhe dará o pão como alimento, Ele mesmo
multiplicará as vossas sementes e aumentará os
frutos da vossa justiça.*

2Cor 9,10

Esse versículo da Segunda Carta aos Coríntios é empolgante! Ele nos diz que qualquer semente do serviço que semearmos será multiplicada por Deus para realizar um bem ainda muito maior do que poderíamos sozinhas. Quer plantemos uma semente pequenina de escuta, presença, respeito, de doação financeira ou material, Deus a multiplicará. Quando semeamos as sementes dos nossos dons e habilidades, a fim de servir ao próximo, Deus completa a colheita com a sua mão generosa.

Quando rezamos com fé, acreditando que o uso de um dom que possuímos permitirá que a abundância divina se derrame sobre uma determinada situação, tiramos o foco de nós mesmas e o colocamos onde deve estar – em Deus. Deus é fiel às suas promessas, é o provedor de tudo o que é bom. Ele não apenas honrará nossas ações, mas excederá às nossas expectativas quando semearmos as sementes do serviço em seu nome.

Esse versículo também nos lembra de que Deus se preocupa até com os menores detalhes de nossa vida. Dentro da economia de escala global, trata-se de uma semente minúscula. No entanto, algo que se origina de uma semente – pão – é uma necessidade fundamental, a própria base da nossa alimentação, física e espiritual. O pão, embora simples na sua composição, é a forma escolhida por Deus para se entregar a nós na Eucaristia. E Ele promete multiplicar sua bondade através de nós sempre que o recebermos.

Deus se vale de nós, as suas trabalhadoras no campo, para plantar sementes e fazer a colheita daqueles que estão perdidos e desorientados. Essa obra de resgatar almas não é para as de coração fraco, todavia, não precisamos nem sequer ir mais longe do que o solo fértil de nossa família para realizá-la. Em Mt 9,37 Jesus lamenta: "A colheita é grande, mas os trabalhadores são poucos". Somos abençoadas por estar entre os poucos.

Senhor, obrigada por suas ações generosas e por sua graça abundante. Mostre-me meios de servir ao próximo para que assim você possa multiplicar as sementes que eu planto em seu nome.

 SÓ POR HOJE
Vou refletir sobre as maneiras como a abundância divina tem se manifestado em minha vida e louvar a Deus pela colheita.

5
Olhos para enxergar

Isto acontece, porque miramos às coisas visíveis e não às invisíveis. Pois o que é visível é passageiro, mas o que é invisível é eterno.

2Cor 4,18

Vivemos numa cultura que parece obcecada por estímulos visuais. Através da televisão e cinema, *videogames* e internet, MP3 *players* e até os telefones celulares, nossos olhos – as "janelas da alma" – estão expostos a todo o tipo de imagem possível.

Há muito os especialistas têm chamado a atenção para o fato de que o comportamento das crianças pode ser influenciado por cenas de violência na TV.

Portanto, não é de se estranhar que a visão do mundo de nossos filhos também acabe moldada – e até prejudicada – por aquilo que a mídia exibe. Dia após dia, nossos filhos "enxergam" que os bens materiais são a medida do sucesso, que o sexo fora do casamento é a regra, que a violência é aceitável, que os fins justificam os meios e que a justiça envolve a execução da vingança.

Cabe a nós oferecer uma alternativa aos nossos filhos – para substituir o que a mídia apregoa por uma visão do mundo centrada em Cristo. Sim, é verdade, a visão de Cristo é uma maneira contracultural de olhar a vida que, além de virar o pensamento vigente de ponta-cabeça, ainda preza mais o invisível. Como ensinar nossos filhos a dar valor ao que não somos capazes de enxergar, mas conhecemos pela fé? Como mostrar-lhes a importância de buscar o verdadeiro tesouro? De que forma estamos moldando a arte da contemplação em nossa vida? Como expressamos a nossa própria visão *interior* baseada nos valores, moral e crenças que adotamos e que estão fundamentados na Palavra de Deus? Pergunte-se: Como estou pondo em prática, de modo eficaz, a minha visão católica do mundo através das minhas ações diárias?

Talvez os outros não consigam entender o que cremos, porém, se vivemos comprometidas com a nossa fé, eles perceberão que nos pautamos por um conjunto diferente de prioridades. Para nós, "para sempre" significa por toda a eternidade, enquanto para o mundo é o tempo transcorrido entre os intervalos comerciais. Rezemos para que a nossa vida reflita essa diferença.

Pai Santo, que meus olhos permaneçam fixos em você e meu coração ancorado nas coisas que não são desse mundo, mas do outro. Dê-me a coragem necessária para, através de minhas ações, trazer a esse mundo "o que não pode ser visto".

Só por hoje
Vou "olhar para dentro de mim" e desviar minha atenção do excesso de estímulos visuais.

6
Uma vocação para todos os tempos

Fazei tudo o que Ele vos disser.

Jo 2,5

Edith Stein, filósofa judia, converteu-se ao catolicismo e iniciou uma jornada espiritual que a levou a tornar-se freira carmelita descalça. Morreu martirizada por causa de sua fé no campo de concentração de Auschwitz durante a Segunda Guerra Mundial e, em 1998, foi canonizada sob o nome de Santa Teresa Benedita da Cruz. Edith Stein escreveu extensamente sobre a formação adequada e a educação das mulheres. Dotada de mente brilhante e espírito humilde, analisou e discorreu sobre a verdadeira vocação da mulher na sociedade. Sua sabedoria continua atual ainda hoje.

Ela apresentou seus conceitos sobre a alma feminina e sua expressão na vocação numa palestra intitulada *O ethos das profissões femininas*:

> Qualquer vocação que envolve serviço aos outros pode ser considerada *feminina*... Porém a constituição moral feminina também se adapta a vocações essencialmente masculinas... De fato a natureza feminina, na sua essência, é capaz de abarcar todas as coisas e a imagem da mãe de Deus nas Bodas de Caná é um exemplo perfeito disso: Com que discrição Maria evita o constrangimento de outras pessoas; como percebe a necessidade de que algo seja feito e como intervém

sem ser notada. Uma mulher assim imprime as marcas de sua relevância em todos os momentos através de suas extraordinárias habilidades[2].

Os movimentos seculares e as expectativas culturais conflitantes têm prometido ajudar as mulheres a obter validação e conquistar uma esfera de influência mais ampla no mundo. Porém não é o que acontece. Na realidade, a importância e o valor da nossa feminilidade, concedidos por Deus, vêm sendo minados. Edith Stein nos abre uma janela para a verdade de quem Deus nos chama a ser. Independente da profissão que exercemos, ou do papel que desempenhamos em nossa família e comunidades, há uma dignidade inerente na índole e na expressão natural do espírito feminino tal como projetado por Deus. Cultivar a consciência de nossa alma feminina à luz do carisma da feminilidade católica poderia realmente transformar o mundo e acrescentar um significado profundo à nossa própria vida.

Senhor, ajude-me a compreender e abraçar minha verdadeira vocação como mulher inserida no corpo místico de Cristo.

Só por hoje
Vou ter uma conversa com Santa Edith Stein durante as minhas orações, ou num momento de quietude.

7
Sagrada Face

Todos nós, porém, com o rosto descoberto, refletimos a glória do Senhor e, segundo esta imagem, somos transformados, de glória em glória, pelo Espírito do Senhor.

2Cor 3,18

São Jerônimo diz que "o rosto é o espelho da mente"[3].

Se isso for verdade, imagine quantas vezes ao dia as pessoas são capazes de interpretar o que nos passa pela cabeça só de olhar para a nossa cara! Entre os "leitores de mente" estariam nossos filhos, cônjuge, colegas de trabalho e até estranhos com quem cruzamos na rua. E você? Com que frequência você se olha no espelho com o propósito de descobrir a história que sua fisionomia está contando?

Todas nós mantemos um diálogo interior ativo que supomos esconder do resto do mundo. Entretanto, a sabedoria de São Jerônimo nos lembra de que nem sempre conseguimos ocultar o que acontece dentro de nós. Palestrantes motivacionais da atualidade e psicólogos afirmam que "nos tornamos aquilo que pensamos" para enfatizar a importância e o poder de nossos pensamentos e da percepção que temos deles.

Pense numa ocasião em que a reação de alguém a deixou confusa, ou quando você se julgou incompreendida. Em situações assim, é possível que seu rosto estivesse falando a verdade, porém não suas palavras. É possível que, naquele momento, você até tentasse se comunicar de um jeito carinhoso, mas sua face revelava aborrecimento, ou tédio. Será que, talvez, você se sente dividida entre o anseio de se conectar de maneira significativa e o receio de uma proximidade excessiva? Debatendo-se neste dilema, seu rosto acaba por se converter numa máscara, a expressão vazia avisando aos demais para manter uma distância segura.

Na maioria das vezes, queremos que nossa fisionomia transmita amor, aceitação e sinceridade. A bela devoção católica à Sagrada Face de Jesus nos ajuda a concretizar tal desejo. Jesus promete nos iluminar com a sua luz, nos consumir com o seu amor e nos fazer fecundas na realização de boas obras. Promete-nos também imprimir suas feições divinas na nossa alma e nos inundar com a sua alegria.

Senhor, você nos chama a imprimir sua Sagrada Face em nossos pensamentos e ações para que os outros possam vê-lo com mais clareza. Concede-me a graça de atender esse chamado.

Só por hoje
Vou refletir sobre a Sagrada Face de Jesus.

8
Quem sou eu?

A minha alma engrandece o Senhor, e meu espírito se alegra em Deus, meu Salvador.

Lc 1,47

Tantas vezes as mulheres lutam para responder ao questionamento: "Quem sou eu além do que eu faço para os outros?" Em nossa cultura, nos identificamos pelos papéis que desempenhamos: esposa, dona de casa ou mãe que trabalha fora, profissional de carreira, voluntária, amiga, cuidadora, e assim por diante. Entretanto, a alma feminina clama por uma definição mais profunda de si. O *Magnificat*, também chamado de Cântico de Maria, é, em muitos aspectos, a reflexão de uma mulher que descobre o seu projeto fundamental de vida; uma proclamação densa de quem ela é e do papel essencial que cumpre no plano de salvação de Deus. Ler o *Magnificat* no Evangelho de Lucas (1,46-55), vai nos ajudar a entender que nós, a exemplo de Maria, não somos capazes de nos definir sem falar da grandeza de Deus e de seu relacionamento conosco.

Nossas almas foram feitas para espelhar Deus. Nossa realização pessoal acontecerá apenas à medida que procurarmos conhecer a nós mesmas como Deus nos conhece. Esse tipo de conhecimento leva tempo, exige introspecção, além de uma abertura confiante à presença de Deus na nossa vida de oração. Podemos compor o nosso próprio "cântico" através do desdobramento da nossa relação com Deus. Ele irá nos guiar na busca de um autoconhecimento mais profundo e da aceitação de quem realmente somos.

Enquanto nos esforçamos para colocar o que há de melhor em nós a serviço dos outros, precisamos ir além do que fazemos para descobrir como Deus deseja se revelar através de nós todos os dias. Não existe ação insignificante demais, ou trivial demais, para exprimir o amor de Deus. De fato, toda a vida de Maria foi um desabrochar, discreto e obscuro, do plano perfeito de Deus para a humanidade. A vida de cada uma de nós se encaixa nesse mesmo plano de uma maneira ímpar e imprescindível. O cântico da vida de cada uma de nós não é menos importante para Deus, portanto, cante-o para Ele com um coração amoroso. Porque não há papel mais importante que possamos desempenhar do que aquele escolhido por Deus para nós, suas filhas amadas.

Pai Santo, ajude-me a conhecer a mim mesma como você me conhece e a ver a mim mesma como você me vê para que eu seja capaz de refletir o seu amor para os outros todos os dias da minha vida.

Só por hoje
Vou ler e meditar o *Magnificat.* Vou cogitar compor o meu próprio cântico para Deus.

9
É melhor dar do que receber

Recordando as palavras do Senhor Jesus, que disse: "Há mais felicidade em dar do que em receber".

At 20,35

Eis um problema de longa data: O que fazer quando não temos o bastante? Quer se trate de não possuir dinheiro, tempo, ou energia suficientes, sempre nos sentimos como se estivesse faltando alguma coisa em nossa vida. Como resolvemos a questão depende do que pensamos sobre o nosso mundo e sobre nós mesmas. Algumas pessoas simplesmente vão às compras, outras partem para a briga e outras ainda vivem na carência e se viram.

Dei-me conta de uma solução singular para tamanho aperto quando ia de carro para o trabalho certo dia. Vi dois meninos, de uns oito anos de idade, de braços dados na calçada. Eles dividiam um par de patins em linha – um usava o pé esquerdo e outro, o direito – e assim, juntos, deslizavam pelo passeio. Sem dúvida uma solução um bocado engenhosa para a encrenca de só haver um par de patins para dois garotos!

Aquela cena de inocência e criatividade infantis ilustra a beleza de compartir algo com o próximo. E também me faz pensar no fato de que a nossa perspectiva abordagem habitual de uma situação costuma ser a de "eu primeiro". Por exemplo, quando parece que não conseguimos suprir nem sequer nossas necessidades básicas, partilhar o pouco que possuímos é a última coisa que nos passa pela cabeça.

No entanto, espiritualmente falando, sabemos que quando damos a despeito da nossa escassez, recebemos de volta muito mais do que tínhamos antes. Este é um preceito com o qual podemos contar desde que estejamos dando de acordo com a vontade de Deus e com intenção pura. Aqueles que ofertam com generosidade quando não têm o suficiente para si, não raro são mais "ricos" do que os considerados abastados.

A próxima vez em que você se sentir destituída – seja material, física ou espiritualmente – tente não focar no que lhe falta, mas em dar o que você possui a alguém necessitado. Então, com fé, prepare-se para receber todo o bem que Deus tem reservado para lhe conceder em troca.

Senhor, ajude-me a ser generosa a despeito da minha própria pobreza.

Só por hoje
Vou estar atenta à necessidade de alguém e dar o que lhe falta.

10
Perseverar

Não esmoreçamos na prática do bem, pois no devido tempo colheremos o fruto, se não desanimarmos.

Gl 6,9

A beata Madre Teresa de Calcutá está entre os maiores "superempreendedores" da nossa época. São tantas as suas realizações, que é difícil imaginá-la fazendo uma pausa nos seus esforços para aliviar as dores de seus semelhantes. Porém, todos os dias, ela passava horas diante do Santíssimo Sacramento, em adoração a Jesus, a fonte de sua força e bondade. "Não pense que o amor, para ser genuíno, tem que ser extraordinário. O que é preciso é amar sem se cansar"[4], dizia.

Que conceito! Amar sem se cansar! Com frequência só percebemos quão cansadas realmente estamos quando à beira da completa exaustão. O peso de nossas responsabilidades diárias – quer em casa, no trabalho, ou em ambos –, aliado às exigências ao nosso tempo e atenção, pode nos esmagar. O antigo ditado, "Ame até que doa", às vezes é levado a sério demais. Como se não bastasse, quando nos consideramos aquém das nossas próprias expectativas, carregamos um fardo irreal de culpa. Esse padrão autoderrotista acaba por nos esgotar, nos "queimar" como mãe, esposa, amiga, ou membro do corpo místico de Cristo.

Talvez o exemplo de Madre Teresa, de dedicar as primeiras horas do dia a Jesus, não seja prático para você. Mas talvez lhe seja possível entregar a Ele os primeiros cinco ou dez minutos da sua manhã. Ofereça seu cansaço ao Senhor, peça-lhe para renovar suas forças e capacitá-la a enfrentar o que lhe estiver reservado naquele dia. Transforme num hábito partilhar com Deus todos os momentos alegres e os desafiadores também. O Senhor, que está sempre ao seu lado, irá restaurá-la e assim você continuará em frente, mesmo nos dias mais sobrecarregados.

O ritmo e as responsabilidades de nossa vida nos obrigam a efetuar ajustes no grau de esforço que empenhamos. Não temos capacidade de fazer tudo, e é importante que nós, tanto quanto os que contam conosco, entendam isso. Todavia, com a graça de Deus, podemos amar com alegria e dar na medida do que somos capazes.

Senhor, ajude-me a realizar minhas tarefas hoje. Inspire-me, concede-me a energia e a atitude positiva necessária para mostrar o seu amor aos outros.

 Só por hoje
Vou ter tempo durante o dia para permitir que Deus restaure minhas forças.

11
Escolher o amor

Vivei no amor, como Cristo também nos amou.
Ef 5,2

O amor é sempre uma escolha, uma decisão a ser tomada. Às vezes somos chamadas a escolher o amor frente a uma grande adversidade, perseguição, caos, ou dor. Em outras ocasiões, somos chamadas a amar em fases áridas da vida, quando nosso coração está desprovido de emoção ou afeto.

No entanto, a despeito das circunstâncias, quando nos decidimos a amar mesmo "sem chance", desencadeamos o poder da ação de Deus de uma forma real e transformadora – não apenas naqueles que amamos, mas também em nós.

Quando abertas e dóceis à presença do Espírito Santo em nossa vida, o amor de Deus se derrama em nós, nos sacia e transborda de nós para os outros. Somos católicas, temos consciência de que a cada vez que recebemos Jesus na Eucaristia respondemos sim ao amor de Deus e lhe damos permissão para se valer de nós no seu projeto amoroso.

Um dos maiores dons que Deus nos concede é o livre-arbítrio. Somos livres para amar, ou para repudiar o amor. É simples assim. Todavia a decisão de amar nem sempre é simples, ou fácil. Dizer sim ao amor significa que o nosso coração já não nos pertence. Embarcamos numa jornada que nos é, até então, desconhecida. Sem dúvida receamos que talvez Deus nos peça para nos doar demais, ou nos sacrificar em demasia no decorrer do processo. Entretanto, se falamos sim e escolhemos amar, o amor de Deus irá nos transfigurar.

Perguntado qual o segredo de seu casamento feliz, um casal, junto há vinte anos, não hesitou em retrucar que fora algo ensinado no Curso de Noivos. Assim resumiram a lição aprendida: "O amor é uma decisão". Desde então, os dois, conscientemente, continuaram tomando aquela mesma decisão todos os dias de suas vidas, ainda que nem sempre fosse fácil. E nunca haviam se arrependido um único instante sequer. Com o passar dos anos, o amor que os unira só crescera, muito além do que jamais imaginaram possível.

A opção crucial de amar ou não amar nos confronta, a cada uma de nós, dia após dia. Cristo nos pede para arriscar tudo escolhendo amar. Ele está esperando nossa resposta...

Pai Santo, dê-me a coragem de dizer sim ao amor e de ser transformada a cada dia pelo seu poder.

 Só por hoje
Vou tomar uma decisão consciente de amar mesmo sem chance.

12
Verdadeiro contentamento

*Portanto, não vos preocupeis com o dia de
amanhã, pois o dia de amanhã terá a sua
própria preocupação!*

Mt 6,34

Todas as manhãs, ao considerarmos as tarefas e exigências à nossa frente, é bom lembrarmos de que nos encontramos onde Deus nos quer naquele exato instante. Nossa vida está florescendo "da maneira devida", e não há por que nos preocuparmos com onde "deveríamos" estar. Se nos concentramos demais em onde estivemos, onde acreditamos que deveríamos estar, ou onde desejamos estar no futuro, perdemos a oportunidade de ser usadas como instrumento de Deus onde nos achamos agora. Na realidade, se pararmos e prestarmos atenção, perceberemos a beleza a ser descoberta nos ensinamentos e no compasso das experiências do momento presente, que são únicas para cada uma de nós.

Esta é a grande tentação: nos preocupar e questionar Deus e a nós mesmas. Começamos nos perguntando se realmente trilhamos o caminho certo, ou se uma graça importante, que julgamos inacessível, por pouco não está nos escapando. Sentimo-nos inquietas quando nossas expectativas parecem diferir da vontade de Deus. É sempre bom discernir nosso rumo, porém colocar demasiada energia em arrependimentos e rejeições sofridas no passado, ou em desejos e preocupações sobre o futuro, nos impedirá de "viver plenamente o hoje" e nos levará a perder o que Deus pode fazer em nossas vidas já.

Disse G.K. Chesterton: "O verdadeiro contentamento é uma virtude real, até mesmo dinâmica – não só afirmativa, mas criativa. É a capacidade de extrair de qualquer situação tudo o que ela abrange"[5]. Pense no potencial magnífico do momento presente! Quando não nadamos contra a corrente e confiamos que seja lá o que Deus tem planejado para nós hoje é exatamente como deveria ser, então nossa alma conhecerá o contentamento e experimentaremos uma profunda sensação de realização e liberdade.

Independente do que você possa achar de como sua vida deveria ser hoje, lembre-se de que Deus é capaz de fazer de cada momento algo ímpar, à medida que você viver o agora com Ele.

Senhor, ajude-me a me entregar à sua vontade hoje e a experimentar o verdadeiro contentamento de confiar em você.

 Só por hoje
Vou me desapegar de meus pensamentos sobre o ontem e de meus planos para o amanhã. Vou me esforçar para viver o hoje, minuto após minuto.

13
Vidas amorosas

Dai e vos será dado. Uma medida boa, socada, sacudida e transbordante será colocada na dobra da vossa veste, pois a medida que usardes para os outros, servirá também para vós.

Lc 6,38

Quão importante é doar-se? É tão importante, que Thomas Merton afirmou: "O amor só vive quando há doação"[6]. Na verdade, uma das maneiras do amor de Cristo se perpetuar no mundo é através dos nossos atos diários de doação. Quer estejamos fazendo sacrifícios pequeninos e ocultos, ou grandes e públicos, contribuímos para a expansão do Reino de Deus e da causa do amor.

A cultura do materialismo e do consumismo em que estamos imersas nos desafia constantemente a manter o foco. Ao longo do tempo, o que possuímos pode acabar nos possuindo. Quanto mais compramos, mais pensamos querer ou necessitar. Sem cessar, somos bombardeadas por imagens das últimas novidades – sempre maiores e melhores – apresentadas pelo mercado de consumo. O amor corre o risco de se perder à medida que começamos a nos definir pelos bens materiais que nos rodeiam. Esse clima de ganância e insegurança não raro sufoca a vida de amor, sacrifício e serviço tão imprescindíveis ao espírito humano.

No Evangelho de Lucas, Jesus nos diz que, quanto mais ofertarmos aos outros, mais receberemos de Deus.

É claro que Ele não estava se referindo apenas a itens materiais – embora as pessoas às vezes relatem que seus negócios prosperaram após passarem a dar mais do que haviam se julgado capazes. O que Deus nos concede em troca daquilo que doamos ao próximo é a paz, o amor e a cura pelos quais nossa alma anseia. Deus nos oferece sua segurança eterna, que é muito mais valiosa e duradoura do que qualquer coisa que venhamos a acumular, ou a nos apegar, na esfera terrena.

A despeito de nossa tendência ao egoísmo, podemos doar e também vencer a tentação de acumular bens. A graça de Deus nos capacita a levar o amor ao mundo através de um ato de doação generoso e altruísta. Portanto, vá em frente! Dê um pouco e veja que "medida boa, socada, sacudida e transbordante" o Pai Santo lhe concederá em troca!

Senhor, dê-me a coragem e a convicção para me desapegar das coisas que estão bloqueando o fluxo de amor em minha vida, para que assim eu possa receber a sua ajuda generosa.

Só por hoje
Vou "fazer uma faxina" e dar algo a que sou apegada.

14
Graça maravilhosa

Sim, irmãos, fostes chamados para a liberdade.
Porém, não façais da liberdade um pretexto
para servirdes à carne.

Gl 5,13

Vamos encarar: na maior parte do tempo, os elevados ideais da nossa vida espiritual têm pouco a ver com as pelejas do dia a dia. Ainda gritamos com os filhos, reclamamos do emprego e disputamos, aos trancos e barrancos, o primeiro lugar na fila do caixa. Não sei de você, mas se eu prestasse realmente atenção à minha voz interior, a escutaria resmungando: "Se toda essa gente me deixasse em paz, então, com certeza, eu conseguiria ser santa!"

Eis a verdade sobre a condição humana: existe uma distância entre o que queremos fazer e o que fazemos. E é também por essa razão que a graça que nos é concedida é tão maravilhosa. São Paulo lastimou a existência de tal conflito interior ao declarar: "De fato, não entendo o que faço, pois não faço o que quero, mas o que detesto. [...] Pois querer o bem está ao meu alcance; não, porém, realizá-lo" (Rm 7,15.18). Todas nós lutamos com essa mesma servidão, entretanto, São Paulo disse que deveríamos viver no Espírito e lembrar de que somos chamadas a viver em liberdade.

A liberdade espiritual é a única liberdade genuína, e flui diretamente de nossa docilidade ao Espírito

Santo. É diferente da liberdade "terrena", que alimenta nossa natureza mundana e exige a satisfação de todos os nossos caprichos. A liberdade de Deus vem de fazer o que é certo, e não apenas uma vez, mas como o compromisso de uma vida inteira.

Cada uma de nós encontra-se numa jornada de maturidade espiritual que nos levará à liberdade maior, em Cristo. Nosso guia nessa caminhada, o Espírito Santo, não nos força a nada: Ele respeita o livre-arbítrio. Todavia, com suavidade, nos conduz, passo a passo, rumo ao amor perfeito.

Amor perfeito. É por esse amor que o nosso coração verdadeiramente anseia e é a esse amor que aspiramos como seguidoras de Cristo. Pouco a pouco, dia após dia, nós nos aprofundamos no Espírito de Deus e esta é, de fato, uma graça maravilhosa. Portanto, não vamos nos lamentar, pelo contrário, vamos renunciar ao que quer que esteja nos impedindo de alcançar o estado de plenitude que tanto almejamos.

Senhor, obrigada por sua graça que nos conduz a uma vida mais profunda de amor e plenitude.

Só por hoje
Vou aceitar minhas faltas, confessá-las e prosseguir rumo ao amor perfeito e à liberdade.

15
Aliança afetiva

Porque é o Senhor quem dá a sabedoria, e de sua boca procedem conhecimento e prudência.
Pr 2,6

Ao tentar ajudar o próximo, você, alguma vez, já se descobriu mantendo uma certa distância emocional ou física daquele em dificuldade, a fim de proteger o seu próprio bem-estar emocional? Em seu livro, *Ministério criativo*, Henri Nouwen afirma que essas máscaras, atrás das quais nos escondemos, criam barreiras artificiais que costumam alienar as pessoas, levando-as a se sentirem malcompreendidas[7]. Quer estejamos procurando atender às necessidades de filhos, marido, amigos, ou de alguém fora de nosso círculo íntimo, a cura genuína só ocorre, conforme Nouwen enfatiza, quando acontece um encontro verdadeiro de almas. É só então que a nossa conexão com o outro se converte em aliança e libera o poder do amor, a única força que nos torna plenas.

Estabelecer uma aliança afetiva não depende de quão inteligentes ou talentosas somos. De fato, às vezes pensamos haver dado um conselho maravilhoso e recebemos em troca apenas um olhar vazio. Isso ocorre porque somos chamadas a nos abrir para o próximo num nível mais profundo, a cultivar uma outra forma de conhecimento, a experimentar um gênero diferente de sabedoria: a sabedoria do Espírito Santo. Essa é a sabedoria que nos sacia, nos guia e traz à tona o amor restaurador de Jesus, permitindo-o fluir através de nós para aqueles que nos cercam. O Espírito Santo conhece as necessidades humanas muito mais do que nós jamais seríamos capazes. E é desse tipo de entendimento que um coração ferido mais precisa.

Ao nos depararmos com a apatia do espírito, com a cegueira da alma, ou com o definhamento da humanidade no próximo, é bom refletirmos sobre como Jesus agiu em situações semelhantes. Ele foi ao encontro das pessoas tendo sempre presente a compaixão, e com os olhos fixos no Pai. Somos chamadas a proceder do mesmo modo. A coragem de oferecer compaixão exige que encaremos os nossos medos com a máxima franqueza e autenticidade possíveis. Conseguimos descartar as nossas máscaras com mais facilidade quando aceitamos e fazemos as pazes com as nossas próprias limitações e vulnerabilidades. Então estaremos livres para entrar numa aliança de afeto que irá refletir o amor e a vida de Cristo onde quer que estejamos.

Senhor, remove as barreiras que me impedem de entrar num relacionamento verdadeiro com os outros.

 Só por hoje
Ao enfrentar uma decisão ou situação difíceis, vou parar e buscar a sabedoria do Espírito Santo em primeiro lugar.

16
Oração e ação

A oração fervorosa do justo tem grande poder.
Tg 5,16

É tentador subestimar o poder da oração. Tendemos a pensar que só servimos aos outros "fazendo" alguma coisa – afinal, as ações são tangíveis e, não raro, os seus efeitos também. Mas, como São Tiago nos lembra, podemos ser servos ativos através da nossa vida interior de oração:

> Alguém dentre vós está sofrendo? Recorra à oração. Alguém está alegre? Entoe hinos. Alguém dentre vós está doente? Mande chamar os presbíteros da Igreja, para que orem sobre ele, ungindo-o com óleo no nome do Senhor. A oração da fé salvará o enfermo, e o Senhor o levantará. E se tiver cometido pecados, receberá o perdão. Confessai, pois, uns aos outros, os vossos pecados, e orai uns pelos outros para serdes curados (Tg 5,13-16).

Thomas Merton descreveu a interdependência entre ação e oração como uma mescla de fonte e riacho. "A menos que as águas da fonte sejam vivas e corram", escreveu ele, "a fonte se transforma em mera poça estagnada. E se o riacho perde o contato com a fonte, que é a sua nascente, ele seca"[8].

Nessa bela imagem de Merton, a oração é a fonte de água viva e a ação, o riacho que flui da nascente para os outros, pois ambos brotam da mesma água. Entretanto, se fora de sintonia com uma fonte interior de oração, a ação acaba se tornando árida e estéril; e a oração que não transborda em ação está excluída da vida. É assim que oração e ação se integram.

Diz a conhecida escritora, Emilie Griffin: "A oração não deve ser encarada com uma mentalidade de sucesso. O objetivo da oração é a doação"[9]. Nós nos doamos na oração oferecendo nosso tempo, nossa total atenção e um hino de louvor a Deus no silêncio de nosso coração. Ao servirmos a Deus e ao próximo através da oração, o fruto e a plenitude de nossas ações se convertem em grande ajuda e cura para os outros.

Senhor, que a água viva de seu Espírito
alimente a minha vida para que minhas
orações e ações sejam um reflexo de seu amor
fluindo livremente para os outros.

 Só por hoje
Vou começar e terminar o dia com um momento de oração silenciosa.

17
Um passo destemido

Não te ordenei que sejas forte e corajoso? Não tenhas medo, não te acovardes, pois o Senhor, teu Deus, estará contigo por onde quer que vás.
Js 1,9

A personagem Verônica é uma mulher que saiu da segurança e do anonimato da multidão para oferecer um pequeno gesto de compaixão a Jesus a caminho do calvário, correndo um risco enorme ao confrontar o espetáculo ultrajante de violência e sofrimento que se desenrolava à sua frente. Ela permitiu-se ser impelida a agir, a enxugar a face ferida e espancada do Senhor, quando a atitude "confortável" teria sido conservar-se escondida, entorpecida. Por não se contentar em permanecer como mera espectadora nos bastidores, Verônica é, com certeza, um modelo para os nossos tempos.

No mundo atual, somos bombardeadas por imagens de sofrimento. Algumas nos chegam de muito longe e outras, talvez, surjam no seio de nossa família. Não é difícil nos sentirmos oprimidas pela negatividade de tudo isso e acabarmos pensando que nossos pequenos gestos cotidianos de compaixão não poderiam produzir nenhuma diferença. Porém Jesus, mesmo nos estertores da sua paixão, nos revelou, através de Verônica, que, quando praticamos um ato de caridade para com o próximo, por menor que seja, ficamos para sempre marcadas pela imagem de seu amor. Ele imprime sua presença em nosso coração, assim como a estampou no véu de Verônica, quando passamos da nossa zona de conforto para a esfera da benignidade.

Quer sejamos chamadas a estender a mão a um parente, em sinal de reconciliação, ou a sairmos em missão na nossa cidade ou no mundo, podemos vencer a tentação de esperar que uma outra pessoa tome a iniciativa e atue, lembrando-nos de que o que temos a oferecer nunca é modesto ou insignificante demais. Diante da escolha de continuarmos seguras e confortáveis, ou de cuidarmos do rosto dilacerado de Cristo nas vidas e corações despedaçados daqueles que nos cercam, lembremo-nos do exemplo de Verônica e da maravilhosa recompensa que lhe foi concedida por Jesus.

Senhor, enche-me de coragem para sair das margens da indiferença e levar sua compaixão ao mundo.

Só por hoje
Vou desafiar o meu próprio senso de segurança e ajudar alguém, lembrando-me de que Deus está sempre comigo.

18
Tudo posso

Tudo posso naquele que me fortalece.
Fl 4,13

É incrível quão poderosa é essa citação contida na Carta aos Filipenses quando a aplicamos a cada um de nossos dias e a cada desafio enfrentado. Todas nós sabemos como é acordar certas manhãs com a sensação de que nos custará um esforço tremendo desempenhar até a tarefa mais rotineira. Na minha família, chamamos esses dias de "Não conte comigo!" São os dias em que um, ou mais, de nós demonstra má vontade a respeito de tudo, ou deixa que o estresse, ou o cansaço, leve a melhor. Não importa a razão, o fato é que todas nós entendemos muito bem aquelas ocasiões em que nos sentimos inadequadas, sobrecarregadas e inseguras.

"Tudo posso naquele [Cristo] que me fortalece." Repetir essa declaração ao longo do dia irá corroborar e reafirmar sua verdade e nos colocar no caminho da vitória espiritual! A Sagrada Escritura ganha vida em nossa mente e coração quando a acolhemos e a colocamos em prática em todas as circunstâncias do cotidiano. A Palavra de Deus, inspirada pelo Espírito Santo, quando levada a sério, é capaz de mudar um dia comum e convertê-lo numa experiência extraordinária da presença ativa de Cristo em nossa realidade. Isto não acontece devido à magia ou superstições, mas porque há vida no Espírito Santo e na Palavra de Deus.

Se seu filho está encontrando dificuldades numa determinada área, procure uma citação bíblica simples que possa encorajá-lo, como por exemplo: "O Senhor é meu auxílio, jamais temerei" (Hb 13,6). Se sua filha adolescente anda preocupada com o futuro, comparti- lhe a citação encontrada em Jr 29,11: "Sei muito bem do projeto que tenho em relação a vós – diz o Senhor. É um projeto de felicidade, não de sofrimento: dar-vos um futuro, uma esperança!" E nos momentos em que você não sabe o que dizer, permita que o Espírito Santo fale através das Sagradas Escrituras. Muitos versículos, em especial os dos Salmos, são pura força carregados de verdade, e trazem em si o poder de nos ajudar a atra- vessar um dia difícil. Porém, mesmo quando o dia está transcorrendo tranquilamente, expressar a Palavra de Deus com fé guarda a promessa de transformar o trivial num dia extraordinário, se o vivemos no Senhor!

Senhor, obrigada por sua palavra, que me aconselha e conforta nos momentos de necessidade. Dê-me a coragem de a compartilhar com os outros.

 Só por hoje
Vou pedir ao Espírito Santo para me inspirar na leitura de um versículo das Sagradas Escrituras a fim de estudá-lo e levá-lo a sério.

19
Uma pequena lição

Quanto mais vosso Pai que está nos céus dará coisas boas aos que lhe pedirem!
Mt 5,11

Numa ida recente ao colégio de minha filha (que cursa o Ensino Fundamental I), recebi uma lição sobre doação da qual não me esquecerei tão cedo. Depois de acompanhar minha filha até sua sala de aula, rumei para a portaria. Ao me aproximar da saída, vi um garotinho e sua mãe, de mãos dadas, vindo em minha direção. Dei um passo para o lado a fim de deixá-los passar. O menino, de não mais de uns três anos, irrompeu pela porta adentro, arrastando a mãe atrás de si. De repente, desvencilhou-se e correu de novo para a porta, quando esta já estava quase se fechando.

"Aonde você está indo?", a mãe gritou, alarmada. O garoto não respondeu de imediato, pois estava muito ocupado lutando com o peso da porta. Na realidade, jogara-se contra a porta para impedi-la de fechar. Depois de recuperar o fôlego, declarou, orgulhoso: "Estou segurando a porta para esta senhora!"

Olhei para a figurinha que sorria de orelha a orelha, vibrante com a sua façanha.

"Que cavalheiro! Você me fez ganhar o dia!", exclamei, observando-o se afastar com sua também orgulhosa mamãe.

Aquele garotinho me ensinou, de uma maneira bastante singela, que o desejo natural de nosso coração é, de fato, estender a mão e ajudar o próximo. O que ofertamos aos outros flui da presença de Deus em nós. O nosso é um Deus que, acima de tudo, está "transbordando" de coisas boas para nos conceder! Se passamos a vida seguindo o desejo natural de nosso coração, então somos capazes de nos conectar com a fonte de puro deleite que é o fruto de nossas ações. Delicadezas espontâneas e sinceras podem melhorar significativamente a qualidade de nossa vida, porque preocupar-se com as necessidades de alguém, antes de pensar nas próprias, confere sentido, estrutura e profundidade à nossa existência. É provável que o menininho nunca venha a saber como o seu pequenino gesto de atenção inflamou meu coração naquele dia. Senti-me impelida a estender a gentileza recebida aos outros e a saborear cada atitude minúscula de doação. Assim como Deus faz.

Senhor, concede-me deleite e encantamento hoje e sempre, assim como você concede esses mesmos dons aos outros através de mim.

 Só por hoje
Vou surpreender alguém com um presente.

20
O chamado de Deus

Eu vos disse isso, para que a minha alegria
esteja em vós, e a vossa alegria seja completa.
Jo 15,11

O chamado de Deus é um convite à excelência. É um chamado para abraçar a beleza em todo o seu esplendor e a tristeza em toda a sua agonia. É um chamado para o que há de mais profundo e de mais amplo na nossa frágil e fascinante humanidade. Somos chamadas a despertar para a vida existente em cada momento, nos deleitando com o que vemos e tendo o nosso coração cheio de expectativas.

Não devemos nos contentar com nada menos do que o oferecimento da alegria plena de Deus para a nossa jornada. Disse Santa Teresa de Ávila: "Você faz um elogio a Deus ao lhe pedir grandes coisas". Deus, amorosa e cuidadosamente, planta nossos anseios mais profundos dentro de nós para que possamos buscar ser saciadas por Ele. Deus deseja nossa presença total e atenção integral neste extraordinário acontecimento que é a vida – esta vida, *esta única vida.*

Não nos deixemos distrair ou nos desviar por questões menores, os embustes e as falsas alegrias que nos rodeiam. Podemos pôr de lado os "jeitinhos" e as emoções baratas e nos alegrar com o Reino de Deus que está próximo!

Na verdade, Jesus nos revelou que o seu reino está dentro de nós. Ele próprio está dentro de nós e o banquete que nos prepara é simplesmente espetacular. O chamado de Deus não é para uma vida comodista e decadente. Não é para uma vida de consumismo e pompa, mas de comunhão e graça.

O desejo de Deus é nos conceder grandes coisas, a despeito da nossa pequenez. Estes são os milagres da nossa vida: a força dele é plena na nossa fraqueza; para ganhar a vida, precisamos perdê-la; o menor entre nós, é o maior aos seus olhos; e no meio de tudo isso, somos amadas, escolhidas e chamadas a ser dele e a compartilhar a sua completa alegria.

Senhor, ajude-me a viver cada dia integralmente, na plenitude do seu mais perfeito amor.

Só por hoje

Vou me permitir ser seduzida pelo encanto de cada momento e acolher o dom da alegria que Deus deseja me conceder hoje.

21
Só uma

*Que proveito tira o trabalhador do seu
esforço? Observei a tarefa que Deus impôs
aos humanos, para que nela se ocupassem. As
coisas que Ele fez são todas boas a seu tempo.*
Ecl 3,9-11

Comprometimento exagerado resulta em não ter
comprometimento nenhum. Encher nossas vidas com
projetos até o ponto de ruptura e nos sobrecarregar no
trabalho ou em casa, acaba nos levando a não dar conta
de nada. Comprometimento verdadeiro requer perseverança, fidelidade, atenção e disposição de nos entregar por inteiro a alguém, ou a uma situação. Traduzin-
do, comprometimento exige uma boa dose de tempo
e nos convida a cultivar o hábito de marcar presença
junto de uma pessoa, ou de uma causa. Não é possível
nos afobar, preocupadas com o que temos que realizar
em seguida, e ainda assim esperar que sejamos capazes
de nos comprometer verdadeiramente com o que estamos fazendo num determinado momento.

Equilíbrio é um presente que podemos nos oferecer
diante das demandas que enfrentamos por resultados
imediatos. Não nos apressar para discernir como empregar tempo e energia a cada dia – ambos bens tão va-
liosos e preciosos – é essencial para o nosso bem-estar
e o daqueles que nos cercam. Dr. James Dobson, con-

ceituado psicólogo cristão, aponta como uma das principais razões da desagregação familiar o fato de as pessoas simplesmente estarem *cansadas demais* para zelar pelo compromisso assumido umas com as outras[10]. Haverá sempre escolhas ilimitadas sobre como agir e quais causas defender. Haverá sempre algo melhor a fazer e uma boa ideia a seguir. Mas precisamos parar e nos perguntar: "Eu deveria mesmo?"

Nesse nosso esforço para manter o equilíbrio, o exemplo de Madre Teresa de Calcutá é inspirador. Disse ela: "Só posso amar uma pessoa de cada vez. Só posso alimentar uma pessoa de cada vez. Só uma, uma, uma"[11]. Isto é verdade para nós também; temos apenas um marido, uma família, uma vida. Vamos reajustar nosso foco sobre a pessoa, ou a questão, que está bem à nossa frente. Vamos buscar sabedoria para regular o nosso ritmo e oferecer o presente de tempo e presença que conduzem a um comprometimento verdadeiro e duradouro.

Senhor, ensina-nos a contar nossos dias, e
assim teremos um coração sábio.
Sl 90,12

Só por hoje
Vou analisar as minhas prioridades
e adaptar minha agenda de acordo.

22
Em nome do Senhor

*Pois a nossa luta não é contra o sangue e a
carne, mas contra os principados, as potestades,
os dominadores deste mundo tenebroso, os
espíritos malignos espalhados pelo espaço.*
Ef 6,12

A cura começa no coração. Não importa o que estamos passando fisicamente, Deus opera dentro de nosso
coração para nos conduzir a um conhecimento mais
profundo e a uma união mais íntima com Ele. Toda
desestruturação humana deriva da nossa separação de
Deus. Portanto é difícil entender como chegamos a esse
ponto, de ser desencorajadas a mencionar o nome do
Senhor no exercício das profissões assistenciais e nas
instituições que foram criadas com o objetivo de promover a cura e o bem-estar das pessoas.

Havendo Deus nos criado à sua imagem, como
criaturas dotadas de mente, corpo e espírito, nos é possível oferecer a cura em nome daquele que é médico,
terapeuta e conselheiro Todo-Poderoso. Entretanto,
hoje, o poder da ciência e da tecnologia tem sido colocado acima da realidade do domínio de Deus na esfera
da cura – não que os dois estejam em oposição, mas
um é subordinado ao outro. Ciência e tecnologia não
são intrinsecamente más, porém, na ausência forçada
da soberania de Deus, acabam correndo o risco de se

tornarem ídolos e verdadeiras religiões. Cada vez mais, constatamos que a moral, a ética e as leis naturais da tradição judaico-cristã vêm sendo substituídas, de maneira sistemática, pelo enfoque da Nova Era, pela concepção humanista e secular; tudo em nome do "progresso" a qualquer custo.

Esse "progresso" traz embutido uma enorme capacidade de violentar o espírito humano, o que não agrada a Deus. Quer atuemos numa profissão assistencial ou não, enfrentamos o desafio – e temos a vocação – de conservar Deus no centro das nossas atividades e o Espírito Santo como o guia de nossas decisões. Em momentos de quietude, ao longo do dia, entremos em comunhão espiritual com Deus a fim de reconsagrar nossas ações ao seu poder curador. Rezemos para que todos os nossos esforços para favorecer a cura sejam feitos em nome de Jesus Cristo nosso Senhor.

Senhor, use-me como seu instrumento de cura. Deixe-me falar o seu nome através de minhas ações hoje e sempre.

Só por hoje

Vou ter um momento de quietude para reconsagrar meus esforços a fim de promover a cura em nome de Jesus.

23
Portadoras de vida para Cristo

Bendito é o fruto do teu ventre.
Lc 1,42

As mulheres são chamadas a ser portadoras de vida de muitas maneiras diferentes. Fomos criadas para gerar vida, não apenas física, mas emocional, espiritual e artisticamente também. Assim como Maria, que deu à luz a própria Vida, temos a capacidade de glorificar a Deus com a nossa existência e estender sua bondade ao próximo.

O que significa dar vida espiritual, emocional, ou artisticamente? Significa acolher nossas características femininas e fecundas – que nos foram concedidas por Deus – e usá-las nas interações com os outros. Por exemplo, sabemos que o leque de nossa sensibilidade é amplo. A vida emocional da mulher é construída à imagem da profunda emotividade de Cristo, que chorou, teve compaixão e encantou-se. Ele também sentiu intensa perturbação e raiva quando aqui na terra e, sendo um ser humano exatamente como nós, sem dúvida experimentou toda a gama de emoções que experimentamos.

Todavia, como às vezes acontece conosco, Jesus nunca foi *governado* por suas emoções. Estas estavam sujeitas à vontade divina do Pai e se manifestavam através de seu relacionamento com Ele. Como a nossa natureza feminina é essencialmente relacional, somos, portanto, equipadas, de forma especial, para gerar a vida por meio da nossa sensibilidade, temperamento e habilidades.

Pense numa maneira em que você tenha alimentado a vida de uma pessoa através da expressão de seus sentimentos. Reflita sobre um momento em que você tenha dado à luz a uma ideia que ajudou-a, ou a alguém, a crescer espiritualmente. Lembre-se de uma ocasião em que você se esforçou para cultivar um relacionamento nascente, ou para criar algo novo. Todos esses exemplos revelam o modo específico como somos chamadas a ser portadoras de vida na nossa vocação como mulheres inseridas no corpo místico de Cristo.

Embora seja importante ter sempre em mente que dar à luz fisicamente não é um *direito* nosso – e sim uma prerrogativa exclusiva de Deus que nos faculta esse seu dom precioso –, cabe-nos a responsabilidade de assumir, com seriedade, nosso papel de portadoras de vida de todas as formas em que formos chamadas. Nossa cooperação com a vontade de Deus pela ação de nosso corpo, mente, emoções, temperamento e aptidões distintas, irão refletir e levar aos outros o milagre da vida de Deus.

Senhor, obrigada pela vocação de portadora de vida. Que eu seja digna desse chamado.

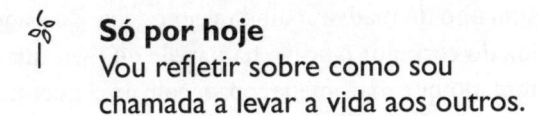 **Só por hoje**
Vou refletir sobre como sou chamada a levar a vida aos outros.

24
Filha de Deus

Antes, me acalmo e tranquilizo, como criança
desmamada no colo da mãe.

Sl 131,2

Algumas pessoas têm lembranças vívidas dos primeiros anos da infância e são capazes de recordar, com clareza, experiências ou acontecimentos específicos. Não sou uma dessas! Quando tento rememorar alguma coisa daquela época, me dá um branco. Exceção feita a uma recordação muito preciosa e forte.

Eu tinha uns três anos e lembro-me de adormecer embalada nos braços de minha mãe. Dizem-me que isso era algo que acontecia com muita frequência, portanto imagino que tal reminiscência seja, provavelmente, a lembrança de todos aqueles momentos íntimos, logo antes de eu cair no sono. Entretanto, uma noite em particular me vem à mente com impressionante nitidez.

Minha mãe cantava baixinho minha canção favorita, *Three Little Fishies*, enquanto me acalentava. Ainda consigo ouvir o rangido da cadeira de balanço sobre o assoalho de madeira; ainda vejo o feixe dourado que a luz do corredor lançava na parede do meu quarto. Porém, do que mais me recordo, é de uma quentura interior e da delicadeza do toque de minha mãe. Sentia-me como se estivesse no lugar mais seguro do mundo.

O Sl 131 compara o amor de Deus ao amor de uma mãe e de uma criança desmamada. É uma imagem de Deus poderosa e, todavia, terna, com a qual a maioria de nós consegue se identificar igualmente, como mães e filhas. A criança desmamada foi alimentada e está saciada. Já não existe "funcionalidade" entre mãe e filho; ambos estão livres para simplesmente se deleitarem um com o outro. No nosso relacionamento com Deus, às vezes o procuramos somente quando precisamos de algo, ao invés de apenas desfrutar da sua presença. Além disso, uma criança satisfeita não é incomodada por distrações ou dependências. A ligação com a mãe é pura e completa. Se isso não soa como o seu relacionamento com Deus, pergunte-se, então: Em que áreas da minha vida ainda estou inquieta e insatisfeita? Do que preciso me desmamar a fim de repousar inteiramente no Senhor? Como Deus deseja me confortar? O que está atrapalhando?

Senhor, obrigada por seu abraço amoroso.
Ajude-me a abrir mão de toda a distração e
apego e a encontrar repouso em você.

 Só por hoje
Vou refletir sobre uma lembrança de quando experimentei o conforto e o cuidado de Deus de uma maneira especial.

25
Riso santo

Compreendi, então, que nada de bom existe senão alegrar-se e fazer o bem durante a vida.
Ecl 3,12

Você, alguma vez, já viu imagens de Cristo rindo? Um certo artista desenhou Jesus jogando a cabeça para trás como se estivesse dando uma gostosa gargalhada. Essa imagem me faz imaginar qual teria sido o discípulo capaz de provocar tal reação em nosso Senhor!

Em algum ponto, no decorrer do caminho, talvez na Idade das Trevas, surgiu a ideia de que para ser boas cristãs tínhamos que ser sérias e sisudas o tempo inteiro. O riso ficou reservado para celebrações laicas – como festas e festivais – e não fazia parte da vida cotidiana. Sejamos gratas por já não vivermos mais em tempos assim e por podermos rir até na igreja, quando há motivo. Tivemos que percorrer uma longa estrada para apreciar o valor e a beleza do riso.

Um poeta poderia conceber o riso como a repercussão do amor de Deus. Para uma mãe, na Bíblia, tornou-se o nome de seu filho há muito aguardado, Isaac – Isaac significa "ele vai rir". Para alguns, o riso tem se provado um elixir capaz de curar corpos, mentes e almas. Na verdade, o riso é um exercício de "expansão" espiritual passível de ser considerado um ato de adoração.

Às vezes nossa rotina tem a capacidade de "endurecer nossa alma" e nos leva a perder o senso de admiração e encantamento que é natural em nós. Basta olhar para as crianças. Elas vivem o instante presente, riem facilmente e com entusiasmo. Deixam-se contagiar por qualquer bobagem e seus gritos de alegria podem ser escutados do outro lado do mundo. Adivinha só? Nós costumávamos ser assim.

Portanto, não se leve muito a sério. Procure momentos alegres em seu dia e os compartilhe com outras pessoas. Dê o presente da jovialidade àqueles ao seu redor. O riso com certeza nos aproxima do coração de Deus. Por acaso já lhe passou pela cabeça que ao acabar de criar o céu e a terra, Adão e Eva, e proclamar: "É muito bom!", Deus poderia ter dado uma sonora gargalhada, da qual o eco ainda ouvimos hoje no som do nosso próprio riso?

Senhor, dê-me um espírito de criança e me ajude a rir hoje!

Só por hoje
Vou compartilhar um momento alegre com alguém e saborear o calor humano que isso traz.

26
Poda com um intento

Todo ramo que dá fruto, Ele limpa, para que dê mais fruto ainda.
Jo 15,2

Jane criou os quatro filhos optando ser dona de casa e, portanto, contrariando as expectativas sociais de que se dedicasse também a uma carreira profissional. Sempre acalentara o sonho de se tornar esposa e mãe, de modo que nunca aspirara empregar seus inúmeros talentos em qualquer outro lugar que não fosse o lar, em benefício de sua família. Assim, ao se confrontar com o ninho vazio, ficou perdida. O que começou como uma sensação incômoda, se transformou num sentimento paralisante de insegurança e medo do futuro.

Jane descobriu-se completamente incapaz de efetuar as mudanças que sabia necessárias para iniciar a etapa seguinte. Havia perdido sua identidade e propósito, e uma pontada de carência a atingiu em cheio. Assolada por uma batalha interior contra a amargura, se esforçou para encontrar um novo rumo e sentido para a própria existência.

Esse esforço a levou a buscar direção espiritual. Ao ouvir o sacerdote afirmar que ela estava prestes a entrar no período mais frutífero da sua vida, surpreendeu-se. O padre explicou-lhe que às vezes Deus nos permite enfrentar uma perda dolorosa, ou a solidão, a fim de nos preparar para receber o que Ele planeja nos dar. Jane estava passando por uma poda física e espiritual que a conduziria a um tipo diferente de sucesso em sua trajetória.

Como praticamente todas as tarefas e funções que desempenhara ao longo do tempo a tinham feito se sentir competente e completa, Jane quase não experimentara a necessidade de se apoiar em Cristo, tendo-o como o centro de sua vida. A poda se revelou inevitável para que fosse capaz de se conectar com Cristo num nível mais profundo. Agora seu "trabalho" seria de natureza espiritual, à medida que aprenderia a se alicerçar em Jesus e a confiar nele na fase seguinte de sua jornada.

Todas nós vamos experimentar o poder da poda de Deus. É algo importante para o nosso crescimento e frutificação. E assim iremos aprender a mesma lição de amor aprendida por Jane. O que ela pensou ser um triste e dramático fim, converteu-se numa renovação da comunhão com Cristo, de uma maneira mais ativa e gratificante em todos os aspectos da sua vida.

Senhor, que a poda no meu coração me leve a uma comunhão mais profunda com você.

 Só por hoje
Vou refletir sobre como a poda do Senhor tem me ajudado a crescer.

27
Perseverar

Então lhes disse: "Sinto uma tristeza mortal!
Ficai aqui e vigiai comigo!"
Mt 26,38

Uma mulher relatou a experiência de sofrer os rigores da quimioterapia para vencer o câncer de mama. Na metade daquele tratamento duro, batera o desespero. O conhecimento do que já havia passado e a perspectiva do que ainda estava por vir quase fora demais para suportar. No hospital, enquanto aguardava a chegada do oncologista, a mulher se virara para a filha – que estivera ao seu lado desde o primeiro momento – e confidenciara, numa torrente de lágrimas: "Estou com medo. Não sei se fico e encaro isso, ou simplesmente vou embora".

Percebendo a dúvida angustiante da mãe, a filha a abraçara sem hesitar, e as duas choraram juntas. Ela não apressara a mãe, não a pressionara para que se decidisse; apenas a amparara e, paciente, lhe dera tempo para tomar uma resolução. Então, tirando forças do coração compassivo da filha, a mãe dissera: "Vou em frente!" De braços dados, as duas entraram, prontas para enfrentar mais uma sessão de quimioterapia.

Mais do que tudo, as pessoas necessitam desse tipo de solidariedade em seu sofrimento. Precisam saber que não importa quão dolorosa ou difícil a situação se torne, porque permaneceremos ao seu lado e não as abandonaremos. Elas precisam ser reasseguradas de que sua vulnerabilidade e aflição não irão nos afugentar, e que, independente do que aconteça, não nos afastaremos para nos poupar da dor de vê-las sofrer.

Essa capacidade de permanência requer uma coragem que vem apenas do Senhor. Não conseguimos sozinhas. Tendo Maria aos pés da cruz do seu filho como nosso modelo, perguntemos a nós mesmas: Como podemos nos comprometer a ser uma fonte de alento na vida dos que sofrem? Como podemos comunicar nossa disposição de segurar as pontas e ir aonde quer que eles forem, de modo que nunca estejam sozinhos? O que devemos fazer para superar nosso medo?

Senhor, concede-me a graça e a coragem
de enfrentar o sofrimento e de permanecer
conectada com aqueles que sofrem.

Só por hoje
Vou perserverar, quando preferiria desistir.

28
Estender a mão

Todas as vezes que fizestes isso a um destes mais pequeninos, que são meus irmãos, foi a mim que o fizestes!

Mt 25,40

Muita gente se divertia com o seu jeito infantil, porém havia os que a ridicularizavam e insultavam. Ela andava pelas ruas numa bicicleta caindo aos pedaços, falando sozinha enquanto cumpria a rotina diária de catar latas e bitucas. Quase todos os dias ficava horas sentada num banco de praça, fazendo bolhas de sabão. Daí o seu apelido, "a mulher das bolhas".

Embora alvo de fofocas, ela, estranhamente, acabara aceita como uma espécie de mascote da cidade. Quando tentei encontrar alguém que me dissesse o nome daquela senhora ou algo a seu respeito, e não achei ninguém, decidi abraçar a missão de conhecê-la um pouco. E o que descobri não era matéria de riso.

Lola (nome fictício), vivera quase sempre nas ruas. Simplória, com alguma deficiência mental e, provavelmente, também alcoólatra, trazia no corpo hematomas e cicatrizes que contavam a história de uma vida à margem da sociedade, marcada por complicações perigosas. Todavia, tinha uma alma de criança. Lola morava num quartinho minúsculo, abarrotado de bugigangas recolhidas em suas andanças. Nas paredes encardidas, desenhos a lápis e *crayon*. Sua habilidade para desenhar não coadunava com a sua conduta infantilizada. Seu pertence mais valioso era o desenho da casa de sua infância. A única coisa que restara dos "velhos bons tempos".

Na sua simplicidade, Lola me ensinou muito. Ela me ensinou sobre a força da vulnerabilidade e sobre o efeito terrível da desvalorização sobre a vida dos pobres e rejeitados. Ela desafiou a minha suposição íntima de que as pessoas "são as próprias causadoras de tudo o que lhes acontece", e mostrou o que é viver num mundo onde ninguém sabe o seu nome. Aprendi a nunca, *jamais*, julgar o próximo, porque a verdade é que não temos a menor ideia de como é sua vida de fato. Acima de tudo, encontrei alguém que realmente valia a pena conhecer e amar. Obrigada, Lola.

Senhor, zele por aqueles que são os seus filhos mais vulneráveis e nos dê a coragem de lhes estender a mão num gesto de amor.

Só por hoje
Vou estender minha mão.

29
Um encontro especial

Senhor, Tu me sondas e me conheces [...] e
sabes todas as minhas trilhas.

Sl 139,1.3

Mais do que qualquer coisa, as mulheres querem ser compreendidas. Queremos ser conhecidas, não de forma superficial, mas num nível mais profundo, por meio de uma intimidade significativa e da aceitação do nosso coração. Esses anseios são essencialmente femininos, frutos da nossa natureza sensível e de nossos impulsos intuitivos de buscar o todo, e não fragmentá-lo. Nós, mulheres, somos muitíssimo mais do que a soma de nossas partes e desejamos ser conhecidas e compreendidas como tal.

Esses anseios, quando purificados, acalentam e nutrem a vida; nos levam a nos preocupar com a dignidade da pessoa inteira, a olhar para além das aparências, pois só assim enxergamos o invisível, a essência. Entretanto, quando não são purificados, esses mesmos anseios acabam distorcidos e podem nos arrastar para a decepção e a dor. Foi o caso da mulher junto do poço.

Descrita apenas como "a mulher samaritana", ela vinha de uma série de relacionamentos fracassados na sua procura de uma intimidade verdadeira. Suas ações acarretaram vergonha e isolamento para si. Até o seu encontro com Jesus, no meio do dia, teria sido considerado escandaloso porque, naquele tempo, mulheres e homens não se falavam em público. Além disso, suas origens étnicas proibiriam qualquer tipo de contato com um judeu. Na realidade, os dois nunca deveriam ter se encontrado.

Imaginem o espanto da samaritana quando Jesus lhe dirigiu a palavra. Imaginem o tamanho da sua surpresa ao constatar estar diante de um homem que sabia tudo a seu respeito. Ele podia ler seu coração e atingir sua alma. Mais profundo do que qualquer romance que ela vivera, aquele encontro tocara seus anseios mais íntimos e revelara como estes podiam ser saciados. Jesus compreendera o seu âmago.

A exemplo da mulher samaritana, somos convidadas a beber da fonte de água viva, que é Jesus. Ele nos conhece, compreende, aceita e ama. Ele deseja ter um encontro especial conosco todos os dias. Escute o que Ele diz a você hoje.

Senhor, você me conhece melhor do que eu conheço a mim mesma. Obrigada por falar ao meu coração e entender cada uma das minhas necessidades.

Só por hoje
Vou buscar um diálogo profundo com Jesus.

30
Devagar e sempre

Há quem se esforça, apressa-se e sofre, e tanto mais fica desprovido.

Eclo 11,11

Desde que me entendo por gente, vivo como se estivesse eternamente atrasada para um compromisso urgente. Como não paro nunca, sempre tenho a sensação de que não consigo chegar a qualquer lugar rápido o suficiente. Tudo o que faço é em ritmo acelerado: como depressa, ando depressa e, se pudesse, é provável que daria um jeito de dormir depressa! Portanto, tenho passado quase minha vida inteira correndo na direção de uma linha de chegada imaginária. Na maior parte dos dias, sinto-me como se estivesse andando em círculos!

Esse distúrbio já me causou problemas no passado, mas aprendi a relaxar e levar na esportiva. Por exemplo, na porta do meu escritório há uma placa artesanal onde lê-se: "Devagar se vai ao longe!"* Admito até que aprecio a lógica da inclusão da tartaruga no reino animal e, nos últimos tempos, tenho, deliberadamente, voltado para casa por um trajeto mais longo só para provar a mim mesma que não será nenhum fim de mundo se eu escolher uma rota mais demorada.

---

* Alusão à moral da fábula de Esopo *A tartaruga e a lebre*.

Charles E. Hummel já adverte que "o perigo na vida está em permitir que as coisas urgentes tomem o lugar das importantes"[12]. Com a ajuda do Espírito Santo, estou aprendendo que o fato de experimentar uma sensação interior de urgência não significa, necessariamente, que eu tenha que tomar uma atitude imediata. Parar para refletir me lembra de procurar ouvir a vontade de Deus em primeiro lugar, ao invés de reagir segundo a minha própria vontade. Não posso me dar ao luxo de me precipitar nessa lição.

O Senhor me inspirou uma imagem que me auxilia: Vejo-o ao volante de um *pace car* na frente do motor rugindo que é a minha vontade. Na maioria das vezes, a bandeira amarela da atenção está sendo agitada para me alertar de que devo diminuir a velocidade. Somente depois de algumas rodadas de oração é que a bandeira verde é acenada, indicando "pista liberada". Estou aprendendo, porém tenho um longo caminho a percorrer. Com a graça de Deus, vou me lembrar de fazer o trajeto demorado e assim desfrutar da corrida e da bela paisagem.

Senhor, ajude-me a buscar o que é importante para você antes do que é urgente para mim, e me concede a sabedoria de perceber a diferença.

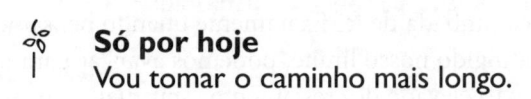 **Só por hoje**
Vou tomar o caminho mais longo.

31
Um bom combate

Combati o bom combate, terminei a corrida, guardei a fé.

2Tm 4,7

Não permita nunca que alguém lhe diga que o caminho do cristianismo é para os fracos, ou os de alma tímida. As palavras de São Paulo a Timóteo nos lembram de que haverá ocasiões em que nossa fé será testada e que seremos chamadas a nos engajar num bom combate. Combateremos tentações, fadiga, distrações, pecado, e uma série de outras coisas ao longo de nossa vida. Em alguns dias teremos vontade de jogar a toalha, ou de desfraldar a bandeira branca em sinal de rendição. "Basta!", será nosso apelo interior; "Senhor, leve-me agora!"

Qualquer corredora de longa distância vai lhe falar sobre "bater na parede" – aquele momento na corrida quando a mente e o corpo gritam em uníssono: não dá mais! Entretanto, se a corredora seguir em frente, ainda que umas poucas passadas, sentirá sua energia renovada. É como se seus pés alçassem voo, e, liberta das correntes da exaustão, ela tem a força e o espírito restaurados. Esse mesmo princípio se aplica à nossa caminhada de fé. Exatamente quando pensamos haver atingido nosso limite, podemos avançar para um nível mais elevado de crescimento espiritual, ou de intimidade com Cristo.

Essa reviravolta acontece quando decidimos permanecer na corrida de longa distância. No fim, São Paulo nos recorda, está reservada, a cada uma de nós, a coroa da justiça. Ele também nos diz que não importa qual batalha estejamos travando na terra, porque "o Senhor nos livrará de todo o mal que nos queiram fazer e nos salvará, admitindo-nos em seu reino celeste" (2Tm 4,18).

Tenham em mente que jamais enfrentaremos tais combates sozinhas. O Senhor nos deixou seu Espírito Santo para ser nosso advogado e defensor contra o mal. Com esse tipo de poder nos sustentando, somos capazes de superar qualquer obstáculo em nosso caminho até a linha de chegada.

Senhor, há dias em que não vejo a hora de chegar ao céu! Dê-me a força necessária para combater o bom combate.

Só por hoje
Vou ultrapassar a minha "parede" pessoal.

32
Limites saudáveis

Acaso ignorais que vosso corpo é templo do Espírito Santo que mora em vós e que recebestes de Deus? Ignorais que não pertenceis a vós mesmos?

1Cor 6,19

Fazer sacrifícios, oferecer nossos sofrimentos em intenção de alguém e servir ao próximo antes de a nós mesmas são atos de amor cristão. Todavia, permitir que sejamos violadas, manipuladas, física ou emocionalmente abusadas, não. Manter limites saudáveis e apropriados é um componente essencial da caridade cristã madura. Se você está envolvida num relacionamento destrutivo ou perigoso, ou se a dignidade que lhe foi concedida por Deus está sendo ultrajada com frequência, não é seu dever cristão continuar exposta a tais perigos.

Existe uma grande diferença entre dar nossa vida por alguém, em nome de Cristo, e adotar um comportamento autodestrutivo, autoabusivo, que leva a um padecimento desnecessário. Somos chamadas a amar ao próximo como a nós mesmas. A essência desse tipo de amor flui do respeito e da aceitação de nosso valor único e inestimável aos olhos de Deus, e da presença de Cristo dentro de nós. Se você está encontrando dificuldade para perceber essa diferença, ou em estabelecer limites saudáveis, há ajuda disponível. Procure a direção espiritual de um sacerdote, ou o auxílio de uma assistente social ou psicóloga católica. Entrar em contato com pastorais católicas pode ser um bom primeiro passo também.

A vergonha costuma impedir a busca do auxílio necessário, porém esse sentimento destrutivo nunca vem de Deus e, não raro, é uma ameaça ao verdadeiro amor e serviço cristãos. Todas nós nos esforçamos para ser boas pessoas e ter uma vida honrada. Contudo, nossa natureza imperfeita muitas vezes acaba nos fazendo perder de vista a nossa própria dignidade.

Ainda que nos dediquemos a ajudar o próximo, precisamos também cuidar das nossas necessidades emocionais, físicas e espirituais. Com o auxílio de Deus, você pode experimentar a paz, segurança, tranquilidade e bem-estar pessoal decorrentes da manutenção de limites saudáveis, respeitosos e firmes nas relações com os outros.

Senhor, ajude-me a ser firme e fiel nos meus relacionamentos; concede-me a sabedoria e coragem necessárias para estabelecer limites saudáveis que respeitem a mim e ao próximo.

Só por hoje
Se preciso, vou buscar ajuda profissional.

33
Ele está perto

Entrega ao Senhor o teu futuro, espera nele,
que Ele vai agir.
Sl 37,5

Sempre me espanta que alguém poderoso como Deus se interesse pessoalmente pelos menores detalhes de nossa vida. Todavia, as Escrituras afirmam que Ele recolhe nossas lágrimas e conta os fios de cabelo de nossa cabeça. Que dádiva incrível! O mesmo Deus que criou e sustenta o universo caminha ao nosso lado todos os dias e quer compartilhar a nossa intimidade. É de seu agrado derramar seu amor, misericórdia e graça no pequeno cálice que é o nosso coração e então beber profundamente conosco, a cada passo da jornada.

Uma mulher disse acreditar que Deus fala com ela, porém apenas de um lugar distante e de uma forma simbólica ou abstrata. Esse tipo de comentário não é tão incomum. De fato, suas palavras refletem a maneira como muitas de nós agem em relação a Deus. Podemos até declarar que desejamos um relacionamento com Ele, mas, na hora H, não acreditamos que isso seja realmente possível. Entretanto, estamos cercadas de provas de que Deus busca, o tempo inteiro, chamar nossa atenção, falando *diretamente* ao nosso coração. Através da beleza da natureza e, em especial, através dos dons dos sacramentos, somos convidadas a experimentar sua proximidade.

Uma das barreiras para vivenciar um relacionamento íntimo com Deus costuma ser a tentativa de fazê-lo se adaptar ao nosso próprio modo de pensar. Temos um plano de como as coisas devem ser e até mesmo acreditamos saber o que Deus quer numa determinada situação. Quando as coisas não acontecem conforme idealizamos, ficamos desanimadas e perdemos a confiança no Senhor. Nossa impressão é a de que Ele está muito distante de nós.

Essa conclusão errônea atropela nossa capacidade de confiar e conhecer Deus mais plenamente. Sentir que Ele está longe talvez se deva à nossa incapacidade de aceitar e confiar que sua vontade se revela em nossa vida, minuto a minuto, de um jeito muito mais amoroso e íntimo do que conseguimos imaginar.

Senhor, enche o pequeno cálice do meu coração com um conhecimento mais profundo de você.

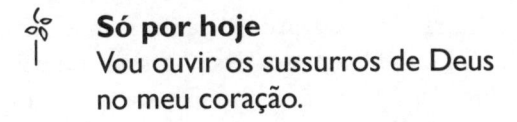

Só por hoje
Vou ouvir os sussurros de Deus no meu coração.

34
A oração da prudência

Sê prestimoso para ouvir a palavra e lento para dar a resposta. Se tens a compreensão do assunto, responde; caso contrário, põe a mão à boca.

Eclo 5,13-14

Quantas vezes você já desejou ter coberto a boca com a mão para não falar? Dez? Vinte? Cento e vinte? Alguma vez você já deu um conselho sensato e recebeu em troca um olhar apático, acompanhado de um educado, e formal, "muito obrigado"? Se for o caso, então é possível que você tenha passado na frente do Espírito Santo numa tentativa bem-intencionada, porém exaltada, de "falar a verdade em amor". Ainda que maravilhosas e inspiradoras, é provável que suas palavras não tenham sido prudentes considerando a situação ou a pessoa envolvida.

Na realidade, a prudência no falar é uma grande bênção. A Bíblia aborda essa questão minuciosamente. Em Ecl 3,1 nos é dito que "Para tudo há um tempo. Para cada coisa há um momento debaixo do céu". O vers. 7 dessa mesma passagem, nos lembra que há "tempo de calar e tempo de falar". Ah, quanta sabedoria! Todas nós sabemos muito bem como a nossa língua é capaz de nos meter em encrencas. Assim como também conhecemos o pesar da oportunidade perdida de falar com coragem e sinceridade.

Orar por prudência irá nos ajudar a dizer o que precisa ser dito num determinado momento. As palavras são poderosas e usá-las com cautela é uma virtude que todas nós devemos cultivar.

Senhor, que minha língua seja um instrumento de prudência e compaixão e "digna-te a aceitar as palavras de minha boca; cheguem à tua presença os pensamentos do meu coração".
Sl 19,15

Só por hoje

Vou rezar a *Oração da Prudência:* Senhor, concede-me a prudência de ficar calada quando necessário; a coragem de falar apenas quando o Espírito Santo me guiar, e a sabedoria para reconhecer a diferença. Eu confio que só você é a resposta e a verdade, só você é a Palavra, e que irá se revelar aos outros – com ou sem minha ajuda – no seu tempo e em seus termos. Amém.

35
Pronta ou não

Ensina o adolescente quanto ao caminho a seguir; e ele não se desviará, mesmo quando envelhecer.

Pr 22,6

Outro dia, ao tentar andar pelo quarto da minha filha de 10 anos, lembrei-me de quando recolhia baldes de plástico e peças de Lego pelo caminho. Então, havia pijaminhas e bichos de pelúcia espalhados. Agora me vejo às voltas com *tops* de ginástica enquanto tento localizar meu vidro de esmalte e de perfume sob a cama. De repente me dou conta de que a minha garotinha está crescendo. Pergunto-me se estou realmente preparada para isso.

Estou pronta para a segunda rodada de noites insones, ansiosa para ouvi-la entrar em casa furtivamente, depois de haver extrapolado a hora combinada? Estou pronta para passar dos cuidados com joelhos esfolados aos cuidados com o primeiro de muitos corações partidos por algum adolescente desavisado, que roubou os holofotes de um pai agora desnorteado? Estou pronta para ser olhada como se fosse uma ET, uma alienígena totalmente sem noção, quando minha filha descobrir, de súbito, que já não falamos a mesma língua?

Não, não acho que estou pronta. As crianças crescem depressa demais hoje em dia. A única coisa de que tenho certeza é que não importa a idade de minha filha, pois serei sempre sua mãe e sempre responsável, perante Deus, pela maneira como conduzo sua formação moral e sua vivência na fé. Se cumpro minha responsabilidade de lhe dar uma base sólida em Cristo e na fé católica, minha filha estará preparada para qualquer coisa que surgir em sua vida.

Penso em todas aquelas orações que fizemos juntas antes de dormir, em todos os "momentos educativos" improvisados falando de Deus, em cada terço rezado juntas e nas missas diárias de que participamos, e oro para que ela tenha levado tudo isso a sério. Continuo a confiar na providência divina, que irá auxiliá-la a percorrer com segurança o caminho estreito. Também confio que o Senhor me concederá sabedoria, fortaleza, paciência e conselho necessários para o trabalho. Como uma mãe em formação de uma filha em breve adolescente, vou precisar de toda a ajuda que puder!

Senhor, por favor, me concede a graça de um coração dócil e acessível, para que eu possa ser um modelo para os outros no caminho certo a seguir.

Só por hoje
Vou louvar a Deus pelos tempos de mudança na minha vida.

36
O dom de ouvir

Cada um deve ser pronto para ouvir.
Tg 1,19

"Eu adoro ouvir as histórias deles!" Tal foi o comentário de uma professora especializada no trabalho com idosos que estão perdendo a visão. "Posso lhes ensinar como agir, porém ouvi-los os faz se sentirem importantes outra vez, e é disso que todo mundo necessita."

A professora havia aprendido duas grandes verdades: que as histórias das pessoas realmente importam e que o mundo de hoje carece de autênticos ouvintes. Os idosos não são os únicos que precisam de quem os ouça. As crianças também necessitam de nossa total atenção, tanto para exemplificarmos as qualidades da escuta, quanto para lhes mostrarmos como se trata de um dom precioso. Os adolescentes precisam que os escutemos para validarmos suas percepções amadurecidas e afirmarmos quem eles são e quem estão se tornando. Os adultos precisam que os escutemos enquanto lidam com as complexidades do cotidiano. Todos correm o risco de apenas pairar na superfície da vida sem nunca aprender a ouvir de fato, mesmo a sua própria voz interior.

Talvez as pessoas que menos escutemos sejam aquelas com quem passamos a maior parte do tempo: cônjuge, filhos, pais. Essa incapacidade de ouvir não raro acaba se transformando numa tensão subjacente que semeia discórdia e conflitos no lar, sem que sequer tenhamos conhecimento do que anda acontecendo. Eu me pergunto quantos problemas familiares poderiam ser resolvidos, ou brigas evitadas, se parássemos para escutar, de verdade, o que o outro está nos dizendo. A atenção é um presente que nos damos mutuamente. Ter tempo para ouvir de todo coração com certeza fará diferença, não apenas para aqueles a quem escutamos, mas para nós também.

Quando ouvimos de verdade, experimentamos uma conexão mais profunda com o outro. Quando resistimos à tentação de oferecer conselhos, ou de fazer comentários espirituosos, conseguimos relaxar e desfrutar das conversas e validar aqueles que são parte de nossa vida. Num certo sentido, nos convertemos no que Santa Teresa Benedita da Cruz descreveu como "pessoas que são usadas como instrumentos para despertar e nutrir a centelha divina"[13]. Em última instância, o dom da escuta acontece nos dois sentidos. Pare para ouvir e veja o que você recebe em troca.

Senhor, acalme minha alma e me dê um coração capaz de ouvir.

Só por hoje
Vou aproveitar a oportunidade para oferecer o presente da minha atenção integral a alguém da minha família.

37
Caminhada na fé

O coração humano projeta o caminho, mas é o Senhor quem dirige os passos.

Pr 16,9

Deus, às vezes, nos parece evasivo. Nas encruzilhadas difíceis da vida, costumamos pedir a Ele que nos mostre qual rumo tomar, e a resposta é apenas o silêncio e uma estrada escancarada à nossa frente. Temos a sensação de que estamos andando sozinhas e que Deus ou é indiferente a nós, ou não está com vontade de nos ajudar a definir nossa trajetória.

Embora possamos ser inundadas por sentimentos de incerteza, desorientação, ou ansiedade sobre como agir, Deus permanece sempre ao nosso lado, mesmo nas encruzilhadas. Conforta-nos o fato de que Deus não perambula por aí, como um guarda de trânsito severo, pronto para nos "multar" se pisarmos em falso, ou trafegarmos na contramão. Deus é mais como um guia turístico; sábio, porém discreto, familiarizado com o território que estamos prestes a cruzar e, portanto, capaz de nos pôr de volta nos trilhos se fizermos a conversão errada.

Podemos nos aconselhar com esse nosso parceiro compassivo, convictas de que é o desejo de Deus nos guiar e acompanhar durante todo o trajeto. Ele quer que apreciemos ao máximo a paisagem e desfrutemos de cada experiência ao longo da jornada. Quando nos sentimos confusas diante das muitas escolhas, ou da ausência delas, quando não sabemos que direção tomar, somos chamadas a enveredar por um caminho e a dar o primeiro passo na fé.

São passos hesitantes, mas Deus honra os nossos esforços corajosos de cultivar a obediência e o agrada quando confiamos nele. A verdade é que o Senhor nem sempre nos põe a par de qual é a melhor rota, ou a estrada certa a trilhar. Ele deixa isso a cargo do nosso livre-arbítrio e discernimento. Entretanto, Deus jamais nos abandona. Talvez mais importante do que a pergunta "Que caminho devo seguir?", seja, "Como estou sendo chamada a continuar daqui para a frente?" – ainda que não enxerguemos com clareza o que está por vir. Essa é a caminhada da fé, que só começa quando estamos dispostas a dar aquele primeiro passo.

Senhor, ajude-me a confiar na sua orientação, mesmo quando não consigo entender o rumo da minha vida.

Só por hoje
Vou dar um pequeno passo na fé.

38
As Martas dos dias de hoje

Tu te preocupas e andas agitada com muitas
coisas. No entanto, uma só é necessária.
Lc 10,41-42

Numa pesquisa informal, foi pedido a vinte mulheres que descrevessem sua vida com uma única palavra. Mais da metade respondeu: "Ocupada!" Nossa idade, ou fase em que nos encontramos, parece não importar; o denominador comum é que estamos todas numa correria só, tentando dar conta de tudo.

Talvez seja porque atualmente todo mundo tenha tantas atividades. E quando multiplicamos essas atividades pelo número de pessoas pelas quais somos responsáveis, a vida pode ficar bastante complicada. Em quase todas as culturas, cabe às mulheres ser as organizadoras e administradoras do tempo da família. Pela história de Marta e Maria, vemos que, já na era bíblica, esperava-se que a mulher assumisse as rédeas das questões domésticas.

Nós, as Martas dos dias de hoje, estamos "com a corda toda" – mais por necessidade do que por escolha. E, assim como Marta, quem, entre nós, não tem olhado para Deus e suplicado: "Senhor, não te importas que eu esteja sozinha com todo o serviço?" Claro que Ele se importa. Entretanto, tenho certeza de que Jesus nos responderia como respondeu à sua amada amiga, dois mil anos atrás.

Jesus está nos dizendo, exatamente como disse à Marta, que a "única coisa" de que precisamos é dele. Quando o colocamos em primeiro lugar para receber nossa atenção, tempo e energia, a "ocupação" de nossos dias se torna mais significativa, menos frenética e mais agradável. Esse é um paradoxo espiritual surpreendente: quanto mais tempo damos a Jesus, mais tempo temos para lhe dar. É o mesmo princípio da multiplicação que alimentou milhares de pessoas com apenas dois pães e cinco peixes. Portanto, na próxima vez que você precisar realizar umas quinze tarefas diferentes em duas horas, tenha tempo de colocar Jesus em primeiro lugar. Você vai se maravilhar com os resultados!

Senhor, ajude-me a desacelerar e a colocar você em primeiro lugar no decorrer do dia. Preciso de sua orientação para fazer as coisas e sou grata por sua companhia – mesmo quando estou ocupada demais em notá-lo!

Só por hoje
Vou parar o que estou fazendo e passar alguns instantes agradecendo a Jesus por sua ajuda e presença na minha vida.

39
Chega de preocupações

Quem dentre vós pode, com sua preocupação,
acrescentar um só dia à duração de sua vida?
Se não está em vosso poder fazer a menor
coisa, como então vos preocupar com o resto?

Lc 12,25-26

"Preocupação nunca funciona!" Essas foram as palavras de uma amiga, sábia e maravilhosa, quando, certo dia, lhe falei de uma situação que eu considerava bastante difícil. "Você não pode adicionar a carga da preocupação a uma situação e esperar resolvê-la, assim como não pode pôr sal numa ferida para que melhore", ela afirmara. Expresso daquela forma, o argumento fez muito sentido para mim.

Ao refletir sobre sua ponderação, percebi que eu estava gastando mais energia me preocupando do que procurando elaborar uma solução. Talvez achasse que se ficasse me preocupando com o problema acabaria fazendo-o sumir. Tão logo concluí que me preocupar, além de perda de tempo, não me levaria a uma resolução, meus pensamentos começaram a clarear e pude caminhar para uma tomada de decisão.

Preocupar-se é um primeiro passo útil no reconhecimento de que algo está errado, porém não podemos permanecer empacadas ali. Às vezes somos induzidas a pensar que a preocupação é uma espécie de ajuda. É possível até que nossas orações se tornem mera repetição e reafirmação de nossos medos e ansiedades, nunca avançando para a etapa seguinte, que é a capacitação e a ação do Espírito de Deus.

Se o maligno consegue nos conservar encarceradas nas nossas preocupações, então ele é capaz de nos manter escondidas na escuridão, atormentadas por problemas que nos parecem insolúveis. Entretanto, Jesus disse: "Meu jugo é suave e o meu fardo é leve" (Mt 11,30). É claro que carregaremos fardos no decorrer de nossa vida. Mas se permitirmos que nossos pensamentos, preocupações e ações se desenrolem sob o jugo suave de Jesus, teremos energia e inspiração para enfrentar as preocupações e encontrar uma solução junto com Cristo, para o nosso próprio bem e o bem dos outros.

Senhor, ajude-me a resistir à tentação de me preocupar. Que eu confie em você, ao invés de me entregar à preocupação.

Só por hoje
Vou pôr toda a minha energia na confiança em Jesus.

40
Na sua presença

Jesus logo percebeu que uma força tinha saído dele e, voltando-se para a multidão, perguntou: "Quem tocou em minha roupa?"
Mc 5,30

Se sabemos algo sobre Jesus, é que Ele é acessível. As Escrituras nos contam das muitas pessoas que não mediram esforços para estar na sua presença. A mulher sírio-fenícia que irrompeu na casa de um completo estranho para sentar-se aos seus pés, os quatro homens que se deram ao trabalho de abrir um buraco no teto para que o amigo paralítico fosse curado. As crianças persistentes, como só as crianças conseguem ser, que insistiram até desfrutar de alguns momentos ao seu lado. E, claro, a mulher com hemorragia que se arrastou no chão e roçou o manto de Jesus, esperando um milagre daquele simples toque.

Quando Jesus disse: "As raposas têm tocas e os pássaros do céu têm ninhos, mas o Filho do Homem não tem onde repousar a cabeça" (Mt 8,20), estava se referindo a si mesmo, porém poderia também estar falando da vida das mulheres do século XXI! Quantas de nós não enfrentamos dias (talvez semanas) quando, do nascer ao pôr do sol, nos vemos rodeadas de gente que reclama a nossa atenção: filhos, marido, colegas de trabalho, nossa mãe, ou todos eles juntos. Entretanto, assim como Jesus, às vezes nos sentimos como se não tivéssemos onde repousar a cabeça enquanto tentamos atender às carências contínuas de nossos entes queridos. Nós nos sentimos como se quase não nos sobrasse tempo para ponderar se somos acessíveis ou não, ou como poderíamos corresponder às exigências das pessoas que nos cercam. Que hoje seja diferente.

Em vez de pular da cama e atacar a primeira de suas muitas obrigações, pare um instante para pensar sobre como você poderia comunicar sua acessibilidade aos outros. Reflita sobre uma das histórias mencionadas acima e foque na reação do Senhor. Imagine como Ele teria atendido quem o procurava no meio do caos das multidões. Pense em como você pode imitar sua acessibilidade levando em conta a sua própria personalidade e estilo. Agindo assim, você acabará descobrindo que, independente das circunstâncias, seus encontros com os outros irão enriquecê-la, ao invés de esgotá-la. Jesus estará bem ali, ao seu lado, para lhe conceder as graças de que você precisa a fim de superar os obstáculos de mais um dia agitado.

Senhor, ajude-me a ser mais aberta e acessível para aqueles que me cercam hoje.

Só por hoje
Serei acessível em minha própria casa.

41
Uma simples escada

Sempre que estiveres para te desviar para um lado ou para outro, poderás ouvir atrás de ti a palavra de quem te orienta: "O caminho é este, por aqui deves andar".

Is 30,21

O caminho mais direto para Deus é pela simples escada de nossos afazeres diários.

A escada é símbolo de uma forma de espiritualidade "um pé na frente do outro", que confere praticidade à jornada espiritual. Não raro ficamos impacientes conosco mesmas e procuramos dar vários passos de uma vez, só para acabarmos tropeçando mais adiante, no nosso próprio orgulho.

Se você já teve oportunidade de subir os degraus estreitos até o topo de um farol, com certeza se lembra de que a estrutura em espiral nos obriga a manter o foco não na chegada, mas no próximo passo, ou ficamos zonzas e desorientadas. Com um passo obedientemente depois do outro, cada qual parecendo idêntico ao anterior, continuamos subindo até alcançarmos a plataforma aberta no topo, inundada de luz, cheia de movimento e com uma vista incrível.

Santa Teresa de Lisieux usou a imagem de uma criança pequena tentando subir uma escada para descrever a jornada espiritual. A criança insiste, se esforça, porém não consegue passar do primeiro degrau e precisa que a mãe ou o pai a socorram, assim como nós precisamos da ajuda do Senhor. Podemos pedir a Deus que nos ampare ao longo do caminho, retirando qualquer dispersão espiritual de nossas vidas e nos ajudando a nos concentrar no que é necessário ser feito a cada dia, e que está bem diante de nós. Um sorriso afetuoso, uma trouxa de roupa lavada, moderação numa conversa no trabalho, são exemplos de passos pequeninos que nos fazem avançar na escada de crescimento espiritual e na proximidade com o Senhor.

Nós sabemos para onde estamos indo e basta imaginar a bela vista que nos aguarda para nos sentirmos motivadas a continuar subindo. Não importa quão íngreme seja o trajeto, pois temos confiança de que a Luz no fim da nossa trajetória nos receberá de braços abertos.

*Senhor, ajude-me a permanecer na
trilha e a manter meus pés firmemente
plantados na trajetória que você escolheu
para mim. Que sua palavra seja "lâmpada
para meus passos e luz no meu caminho"
(Sl 119,105), enquanto empreendo a jornada
nesta vida de volta para você.*

 Só por hoje
Vou agradecer a Deus pela
escada simples da minha própria
caminhada espiritual.

42
O trabalho do seu coração

A colheita é grande, mas os trabalhadores são poucos.

Mt 9,37

A bondade de Deus transforma cada momento numa dádiva consagrada, seu amor traz sempre purificação e, através de Jesus, salvação para as almas. A ação amorosa de Deus no mundo gera e santifica sem cessar, e cada alma é seu "projeto" impossível de ser repetido, o trabalho de seu coração.

Imagine Deus como um trabalhador terno e humilde. Seu amor opera pelo bem de cada uma das almas. Ele está eternamente disposto a "pôr mãos à obra" como um Deus artífice, cujo coração abarca todo o universo. Pense em Deus como um jardineiro amável que se empenha com afinco nos cuidados de cada semente única de vida que Ele plantou. Nós, como cristãs e suas filhas, somos suas aprendizes e, assim, chamadas a labutar no campo. Também somos convocadas a nos ocuparmos com a colheita. São Paulo nos descreve como membros do corpo de Cristo; portanto, cada qual tem uma função distinta e o dever de arregaçar as mangas para, ao lado do Senhor, cultivar o botão em flor, ou podar o ramo teimoso. Em outras palavras, somos responsáveis, enquanto estivermos aqui, pelas condições dos campos e das almas ali semeadas.

Sim, Deus está sempre em ação e não podemos fracassar no nosso trabalho agora. A tarde já está caindo e logo será noite. A colheita estará pronta e Deus conta conosco. Não desanimemos ante o que nos parece um emaranhado inacreditável de entulho, ou um tufo incontrolável de ervas daninhas. Deus não desanima nunca. Ele vislumbra a glória da colheita prometida e vê que é bom.

Se o Senhor está decidido a trabalhar, então devemos estar dispostas a lutar e a ir além dos nossos limites pelas almas que estão perdidas. Podemos oferecer orações e sacrifícios. Podemos evangelizar através das nossas atitudes diárias. Esse é o trabalho da vida cristã, e estamos ansiosas para realizá-lo para que também possamos participar da graça que ainda está por vir.

Senhor, sou grata pelo exemplo do amor ativo do Pai por cada alma. Ajude-me a nunca me cansar do trabalho de salvar almas para a colheita.

 Só por hoje
Vou tomar alguma atitude pelo bem de uma alma.

43
Uma nova criação

Portanto, se alguém está em Cristo é criatura nova. O que era antigo passou.

2Cor 5,17

Todas nós somos chamadas a servir. No mundo de hoje, podemos ficar agarradas ao nosso *status*, à glória de nossas conquistas, carreira, ao nosso grau de instrução. Porém serviço não tem nada a ver com essas realizações. A qualidade do serviço ao próximo não depende de nossos conhecimentos. Pelo contrário, é, essencialmente, o fruto de um coração humilde.

Jesus disse que para ganhar a vida, devemos perdê-la. Ele não falou que tínhamos que produzir bons resultados, ou obter um diploma primeiro. Perdemos nossa vida servindo ao próximo quando abraçamos a liberdade espiritual que resulta de nos colocarmos em último lugar. No princípio é uma lição difícil de ser aprendida, porque a nossa natureza decaída está sempre muito mais preocupada consigo mesma do que com os outros. Entretanto, o *Catecismo da Igreja Católica* nos recorda de que pela virtude de nosso "batismo não somos apenas purificados de nossos pecados, mas regenerados numa nova criatura... um participante da natureza divina" (§ 1.265).

Uma mãe de primeira viagem comentou nunca haver percebido quão egoísta era até nascer seu filho. De repente, tudo o que costumara ser importante fora posto em segundo plano para que ela pudesse devotar cada hora do dia (e algumas da noite também) aos cuidados com o seu bebê. Contudo, mesmo amando aquela criança com cada fibra de seu ser e mesmo havendo aberto mão, de bom grado, de seu antigo estilo de vida e completa autonomia, ela admitiu que isso não acontecera naturalmente e que nem sempre fora uma escolha fácil.

Com prática, e invocando a graça de Deus enquanto exercitamos o músculo espiritual do autossacrifício, somos capazes de abraçar uma "nova natureza" e nos tornarmos mais semelhantes a Cristo, que foi altruísta até a morte. Martin Luther King disse em certa ocasião: "Todo mundo pode ser grande, porque todo mundo pode servir. Você não precisa de um diploma universitário para servir. Não precisa saber concordar sujeito com verbo para servir. Só precisa de um coração cheio de graça. De uma alma gerada pelo amor"[14].

Querido Jesus, que assim seja.

Só por hoje
Vou procurar um "coração cheio de graça" e "uma alma gerada pelo amor".

44
Nova liberdade

Pois o Senhor é Espírito, e onde está o Espírito do Senhor, aí está a liberdade.

2Cor 3,17

Às vezes a vida nos empurra para o fundo do poço. Começamos o dia revigoradas, prontas para tudo, e no entanto chegamos ao fim dele esgotadas, o entusiasmo corroído. Podemos ter a melhor das intenções, porém as aflições da vida não raro nos abatem. Chegamos ao ponto de nos culpar quando as coisas não saem do jeito que esperávamos. Por exemplo, uma senhora que enfrentava um problema sério com um de seus filhos acabou concluindo, de forma equivocada, ser um fracasso como mãe.

Em situações assim, o Espírito Santo nos concede um novo sopro de liberdade – se o deixarmos agir. Não importa quão mal ou oprimidas nos sintamos, podemos convidar o Espírito Santo a "criar em nós um coração puro, a renovar em nós um espírito resoluto". São poderosas essas palavras do Sl 50,12. Levá-las a sério promove uma restauração íntima e desata os nós da negatividade e confusão interiores resultantes da exaustão emocional de qualquer espécie.

Um dos maiores desafios da vida é aprender a respeitar o compasso e a vocação de nossa própria alma. Antes de conseguirmos "respirar livremente" outra vez, precisamos parar e refletir. Essa pausa nos permitirá reconhecer os rumos errados que tomamos e as maneiras desgastadas de nos relacionarmos com os outros e conosco mesmas.

Confiar na misericórdia divina e na brandura do seu caminho nos impedirá de perder a coragem e nos ajudará a resistir à tentação de nos condenarmos por nossas próprias limitações. Se amarras nos prendem a alguma coisa não é porque somos más; mas apenas humanas. Quando cooperamos com a graça de Deus e invocamos o Espírito Santo para acionar nossa sabedoria, inteligência, energia e propósito, algo muito belo acontece. Nossa vida se converte numa nova sinfonia de liberdade e fragilidades, plena de profundidade e significado, em total harmonia com o amor infinito de Deus.

Senhor, crie em mim um coração novo e me concede um espírito reto.

Só por hoje
Vou refletir sobre os tipos de amarras que me prendem e estar aberta a novas formas de liberdade advindas do Espírito Santo.

45
Beleza original

Lava-me de toda a minha culpa e purifica-me de meu pecado.

Sl 51,4

Quando eu era criança, ficava fascinada com um comercial de TV que anunciava um produto "revolucionário" capaz de devolver, quase instantaneamente, às peças de prata – velhas e manchadas – seu brilho original. Fosse uma bandeja, ou uma moeda, qualquer parte do objeto mergulhada na solução "mágica" sairia brilhante como se nova em folha. Pedi à minha mãe para comprar o produto, a despeito de suas advertências de que o trabalho não seria tão fácil quanto parecia.

Louca para testar a novidade, lembro-me do meu entusiasmo ao me sentar à mesa da cozinha, munida de nossa prataria. Adivinhe só? As peças saíram do líquido tal qual entraram. Não tardei a constatar que o único jeito de restituir o brilho perdido seria aplicando o método antiquado: a força no braço.

Murcha, comecei a polir as peças devagar e meticulosamente, esfregando e lustrando até que cada saliência e reentrância retornassem ao seu prévio esplendor. Na época, não percebi nenhuma mensagem espiritual embutida naquela história toda, mas percebo agora.

Essa lição em restauração me faz pensar que, mesmo quando Deus vê a beleza e o brilho de nossa alma sob a mancha de nossos pecados, temos que nos esforçar para cooperar com a misericórdia divina enquanto somos renovadas. Pelo batismo fomos limpas de nossas faltas – não devido a uma poção mágica – mas por causa do sacrifício de Jesus. Ao longo de nossa vida o Sacramento da Reconciliação nos restitui ao nosso estado original de graça. Cristo morreu de uma vez por todas pelos nossos pecados, entretanto ainda somos chamadas a usar nossa vontade para corrigir nossas falhas.

O *Catecismo da Igreja Católica* diz que "Aliviado do pecado, o pecador deve ainda recuperar a perfeita saúde espiritual. Ele deve, pois, fazer mais alguma coisa para reparar os seus pecados: 'satisfazer' de modo apropriado ou 'expiar' os seus pecados" (§ 1.459). Que com a graça divina, estejamos dispostas a aplicar a força do braço espiritual necessária para limpar completamente a mancha de nossos pecados a fim de sermos restauradas por Deus à nossa beleza original.

Pai, livre-me dos "jeitinhos" e da tentação de passar por cima dos meus pecados. Restaure minha mente, coração e alma.

Só por hoje
Vou me lembrar de que Deus deseja me restituir a sua graça e vou me preparar para uma boa confissão.

46
A voz do pastor

Ele chama cada uma pelo nome [...] e as ovelhas o seguem, porque conhecem a sua voz.
Jo 10,3-4

Diz-se que uma mãe é capaz de distinguir o choro de seu filho recém-nascido dentre todos os outros no berçário do hospital. Da mesma forma, estudos demonstram que os recém-nascidos conhecem o som das vozes de seus pais quase desde o instante do nascimento. Isso revela a profunda ligação espiritual e emocional entre pais e filhos. Todavia, ainda mais profundo é o vínculo entre o Bom Pastor e suas ovelhas.

Você já ouviu Jesus chamar seu nome? Não necessariamente de forma audível, mas no âmago do seu ser? Talvez, ao enfrentar uma fase difícil, você já tenha sentido a presença de Jesus. Ou talvez tenha tido a certeza de que Ele enviou um anjo na pele de outro ser humano para deixar claro o quanto estava perto de você. Nós vivenciamos esses momentos de proximidade porque Jesus quer se comunicar conosco num grau muito íntimo.

Nós conversamos com várias pessoas todos os dias, porém apenas num nível superficial, utilizando a linguagem de um modo funcional para oferecer explicações, realizar tarefas e manter nossa vida fluindo sem grandes percalços. O Pastor, por outro lado, anseia se comunicar conosco numa linguagem que transcende a mera funcionalidade e mergulhar nas águas insondáveis do nosso coração. Essa é a esfera da conexão íntima. Jesus deseja que tenhamos tempo para ouvi-lo e assim possamos distinguir sua voz e aprender mais sobre o seu amor.

Para encontrar Jesus nesse nível, é indispensável escutá-lo bater e abrir as portas do nosso coração. Para tal, talvez precisemos parar no meio de nossos afazeres e desfrutar de alguns minutos de solidão, ou de contemplação da cruz. Também podemos aproveitar a hora do almoço para visitar o Santíssimo Sacramento exposto numa igreja, ou lhe oferecer uma oração espontânea. Nossos esforços jamais cairão em ouvidos moucos, porque o Pastor está sempre nos ouvindo e sempre pronto para atender às necessidades de suas amadas ovelhas.

Senhor, concede-me a graça de escutá-lo em meio à correria e ao barulho da minha vida. Anseio me conectar a você enquanto você fala sua linguagem de amor.

Só por hoje
Vou aquietar meu coração e escutar as palavras que Jesus deseja me fazer ouvir.

47
O milagre da multiplicação

*Então Ele pegou os cinco pães e os dois peixes,
ergueu os olhos ao céu, pronunciou sobre eles
a bênção, partiu-os e os deu aos discípulos
para que os distribuíssem à multidão. Todos
comeram e se saciaram.*

Lc 9,16-17

A história dos pães e peixes é fascinante. É o único dos milagres de Jesus narrado nos quatro evangelhos, além de ser um dos mais conhecidos. O que o torna especialmente interessante é a maneira como Jesus escolheu engajar os discípulos no processo. Ele sabia que as porções de comida eram mínimas, entretanto, ainda assim, pediu-lhes que contribuíssem. Dois peixes e cinco pães nunca poderiam alimentar toda aquela gente, porém Jesus não focou nisso. O importante era os discípulos oferecerem o que possuíam ao Senhor diante de uma multidão que nada tinha.

Essa história espelha nossa própria situação. O que temos de nosso jamais bastará para aplacar a fome e a sede dos outros. Quando confiamos em Jesus o bastante para lhe entregar nossos dons, talentos, desejos, esperanças e ações, Ele os multiplicará para que saciem, com fartura, as necessidades alheias. Se você é uma mãe a quem resta somente um pingo de paciência, ou uma filha cuja energia tem sido drenada pelos cuidados prolongados com pais idosos e doentes, ou uma professora sobrecarregada pelas dificuldades dos alunos – não importa quais são suas circunstâncias, lembre-se de que Jesus *é* suficiente. Ele lhe dará o que você precisa para suprir as carências dos que a cercam. E proverá não apenas o que você *precisa*, mas em abundância – tanta, que sobrarão doze cestos cheios!

Esse é um princípio com que você pode contar, portanto não demore em ofertar ao Senhor mesmo o pouco que possui. Nossa insuficiência sempre encontra resposta na suficiência plena de Deus. O milagre da multiplicação é tão possível hoje quanto o foi quando Jesus andava sobre a terra. Assim, quando você se defrontar com uma "multidão de famintos", entregue-se ao Senhor. Então Ele poderá usá-la como instrumento de sua abundância ao abastecê-la com o que você precisa, e ainda mais!

Senhor, eu lhe dou tudo o que possuo. Por favor, realize um milagre de abundância em minha vida.

Só por hoje
Vou fazer uma lista de meus dons e talentos e colocá-la aos pés da cruz.

48
Fazer as pazes com o passado

Não tenhas medo, não ficarás desapontada!
Não fiques com vergonha, não há motivo de
corar o rosto! Deverás esquecer para sempre a
vergonha que passavas na juventude.

Is 54,4

Segundo o conhecido ditado, nem Deus pode mudar o passado. Independente de Ele poder ou não, o que sabemos com certeza é que Deus *não muda* o passado, e por um bom motivo. Temos muito a aprender com nossas experiências pessoais para que o nosso passado seja alterado. O processo permanente de fazer as pazes com o passado – quer seja o acesso de raiva de ontem ou as escolhas erradas na adolescência – é essencial para o desenvolvimento de uma relação forte e de confiança com Deus.

Em especial quando estamos enfrentando dificuldades para seguir em frente, o conselho "Não se prenda ao passado", talvez não nos seja muito útil porque lembranças dolorosas não são apagadas num passe de mágica. Se temos arrependimentos ou carregamos culpa porque tomamos uma determinada decisão, ou deixamos de tomar, está em nossas mãos agir agora para pôr o passado em perspectiva.

O primeiro passo é reconhecer que somos hoje pessoas diferentes do que éramos. Há benefícios em viver um dia depois do outro e embora possa parecer que não mudamos, mudamos sim. Crescemos e amadurecemos simplesmente vivendo e viver acarreta um maior conhecimento de nós mesmas e dos outros.

O segundo passo é honrar o passado. Nossa jornada rumo a autoaceitação requer de nós a coragem de reconhecer a verdade de nosso passado, mesmo que seja dolorosa, ou desperte um sentimento de vergonha, legítima ou imerecida. Enfrentar a verdade do nosso passado nos libertará. Porém, só somos capazes disso com a ajuda do Espírito Santo, que irá nos conduzir e conceder a clareza necessária para que possamos confiar nas nossas lembranças, perceber nossos sentimentos e, enfim, virar a página. Buscar o Sacramento da Reconciliação para quaisquer pecados não confessados porá o selo da misericórdia no nosso passado e nos permitirá abraçar o futuro transformador que Deus tem reservado para nós.

Senhor, oriente-me para que eu possa fazer as pazes com o meu passado. Ilumine minha mente e eleve o meu coração para receber, hoje, a sua misericórdia e o seu amor.

Só por hoje
Vou me perdoar por todos os meus erros e fracassos do passado.

49
"Vive la différence!"

A ciência tem nos revelado que o cérebro feminino é equipado de maneira especial para fazermos mais de uma coisa ao mesmo tempo sem nem pensarmos a respeito[15]. Em outras palavras, nosso cérebro é biologicamente programado para ser multitarefa. Podemos preparar o jantar, falar ao telefone, planejar uma reunião, pôr a roupa suja na máquina e supervisionar o dever de casa das crianças, tudo simultaneamente. É um comportamento natural para nós.

Os homens, porém, são muito mais focados no que está bem à sua frente. Seja uma final de campeonato, as últimas cotações do mercado de ações, ou o carro que estão consertando, a maioria deles se absorverá por completo na tarefa e não conseguirá realizar qualquer outra coisa como, por exemplo, conversar, ou até perceber que há alguém por perto! Essa capacidade de hiperconcentração vem a calhar nos seus papéis de protetor e provedor. O macho humano, quer o caçador-coletor de civilizações passadas, ou o alto executivo de hoje, é projetado para direcionar toda sua energia e atenção na execução de um trabalho, não apenas para si, mas para sua família.

Embora os estudos científicos ajudem a explicar e entender as diferenças entre homens e mulheres, nossa fé nos assegura de que Deus assim tencionava. Nosso *design* não nos pretendia idênticas aos homens, e sim complementares. O mundo precisa tanto de cérebros masculinos quanto femininos. Apesar de, em alguns dias, essa diferença realmente nos dar nos nervos, nossas habilidades e formas distintas de olhar o mundo são necessárias para os papéis que desempenhamos ao longo da vida.

A próxima vez em que você se sentir frustrada com o macho amado de sua vida enquanto as tarefas se amontoam à sua volta, lembre-se de cumprimentá-lo por sua capacidade ímpar de se concentrar numa única empreitada de cada vez e agradeça-o por isso. Uma palavra gentil de reconhecimento ajudará você a mudar sua perspectiva e quem sabe até o levará a perceber o item seguinte na lista de coisas a fazer!

Senhor, obrigada pelas diferenças entre mim e os homens que fazem parte da minha vida.

 Só por hoje
Vou demonstrar meu apreço pelas diferenças entre mim e os outros.

50
A dádiva das lágrimas

Quando vai, vai chorando, levando a semente para plantar; mas quando volta, volta alegre, trazendo seus feixes.

Sl 126,6

Um dos maiores presentes que podemos dar aos outros é ajudá-los a compreender e expressar a dádiva das lágrimas. Nos evangelhos uma das frases mais curtas, e talvez a mais poderosa, é essa: "Jesus começou a chorar" (Jo 11,35). A imagem de nosso salvador, perfeito, derramando lágrimas de tristeza pela morte de seu querido amigo Lázaro, nos mostra quão fundamental é exprimir as emoções livre e abertamente. Que realidade surpreendente! Deus também chora.

É importante chorar, porque as lágrimas contribuem para o nosso bem-estar físico, emocional e espiritual tanto quanto qualquer forma de exercício, medicamento, ou auxílio terapêutico. As lágrimas limpam o corpo e a alma. No Sl 51,12 há o apelo: "Cria em mim, ó Deus, um coração puro, renova em mim um espírito resoluto". Deus purifica o nosso coração, em parte, através do nosso pranto.

Não raro as pessoas equiparam lágrimas à fraqueza, mas as lágrimas são essenciais à nossa resistência mental e física. Se estamos com medo, nossas lágrimas nos trazem coragem. Se estamos de coração partido e cheias de tristeza, a torrente de lágrimas é o primeiro passo de volta à plenitude e alegria. Nossa verdadeira força jaz na expressão autêntica de nossas emoções. Ajudar os outros a respeitar a verdade de seus sentimentos pode colocá-los no caminho da liberdade emocional e da autoaceitação.

As mensagens "Não chore!", ou "Pare de chorar!", acabaram enraizadas em muitas de nós, desde quando bem novas, porque nossas lágrimas provocavam desconforto em alguém. Resultado: aprendemos a nos desligar do motivo de nossas lágrimas. Entretanto, ao invés de nos fortalecer, tal desconexão pode nos enfraquecer emocionalmente e até desencadear dores físicas e enfermidades. Permitir que os outros chorem na nossa presença é um profundo ato de amor. Ao mostrar-lhes, através do nosso acolhimento, que suas lágrimas são uma dádiva, talvez os ajudemos a ser mais amorosos, a aceitarem-se a si mesmos. E é provável que o pranto os torne mais saudáveis de corpo, mente e espírito.

Senhor, ajude-me a acolher a dádiva das minhas lágrimas e a das lágrimas alheias. Ajude-me a respeitar os meus mais profundos sentimentos e a capacitar os outros a expressar os seus próprios.

Só por hoje
Vou respeitar as lágrimas de uma outra pessoa.

51
Perdoar primeiro

E, quando estiverdes de pé para a oração, se tendes alguma coisa contra alguém, perdoai, para que o vosso Pai que está nos céus também perdoe os vossos pecados.

Mc 11,25

Nossa fé nos diz que um coração generoso deve ser também um coração que perdoa. Não podemos nos apegar a mágoas, rancores, amargura ou raiva e esperar que sejamos capazes de amar como Cristo amou. No jardim de Getsêmani, embora soubesse que Judas o traíra, Jesus ainda o chama de amigo. Enquanto nosso Senhor entregava sua vida na cruz para nos salvar, Ele perdoou aqueles que "não sabem o que fazem" (Lc 23,34).

E quanto aos que *sabem* o que estão fazendo? E quanto aos que continuam nos prejudicando, ou que não demonstram quaisquer sinais de remorso, ou nem sequer parecem desejar o nosso perdão? O que fazemos então? Jesus respondeu a essas perguntas quando Pedro o questionou: "Senhor, quantas vezes devo perdoar, se meu irmão pecar contra mim? Até sete vezes?" (Mt 18,21). Pedro tinha alguma noção de que devemos ser generosos com o nosso perdão. Mas Jesus respondeu: "Digo-te, não até sete vezes, mas até setenta vezes sete vezes" (Mt 18,22).

Jesus não esperava que fôssemos capazes de oferecer tanto perdão assim. Precisamos dele para conseguir ir além. Precisamos de sua graça para nos libertar do peso do ressentimento e da amargura. "Meu Deus, tem compaixão de mim, que sou pecador" (Lc 18,13). Essa breve oração é nosso primeiro passo para o perdão. Ao nos dispormos a receber a misericórdia e o perdão de Deus para nós, nos tornaremos capazes de mostrar misericórdia e oferecer nosso perdão ao próximo.

É bom, de vez em quando, analisarmos o que anda acontecendo em nosso coração. Fazer um levantamento sereno de quais mágoas ou rancores continuamos guardando vai nos ajudar a avaliar o "estado de nosso coração". Se constatarmos que precisamos perdoar, a prescrição é parar qualquer coisa que estivermos fazendo e rezar pela graça de começar a trabalhar na obra do perdão.

Senhor, seus exemplos de perdão são uma inspiração para mim. Concede-me a graça de perdoar aqueles que me feriram.

Só por hoje
Vou me sondar para descobrir o estado do meu coração.

52
Um passo além

Dei-vos o exemplo, para que façais assim como eu fiz para vós.

Jo 13,15

Na festa comemorativa de sua aposentadoria, ao ser questionado sobre o trabalho de sua vida e instado a resumi-lo em dez palavras no máximo, o gerente de uma pequena rádio católica retrucou, modesto: "Tratei as pessoas melhor do que tratei a mim mesmo". Foi uma resposta simples, porém precisa, a expressão de uma vida bem vivida e de um trabalho bem realizado.

Tal modo de viver parece ir um passo além do que tratar o próximo como queremos ser tratadas, pois nos desafia a tratá-lo *melhor* do que a nós mesmas. Com certeza essa prática está em harmonia com o princípio do maior dos mandamentos de Jesus e é um reflexo de como Ele viveu. Quando enaltecemos os outros e os tratamos com dignidade e respeito, estamos abraçando o exemplo que o Senhor nos deixou ao partilhar sua última ceia com os discípulos e lavar seus pés.

Jean Vanier, fundador das Comunidades L'Arche, analisou o significado profundo da humildade do gesto de serviço de Jesus – essa é a única passagem no Evangelho em que Jesus nos dá um exemplo concreto a seguir. O que faz desse um gesto tão significativo – observa Vanier – é que "ao se ajoelhar humildemente diante de cada um de seus discípulos e lavar seus pés, Ele os perdoa *de baixo*"[16]. É Deus que toma um "lugar secundário" e eleva seus amigos humanos, purificando-os com sua misericórdia e amor. Que modelo Jesus nos oferece de tratar os outros melhor do que tratamos a nós mesmas!

Na missa, quando Cristo se entrega a nós na Eucaristia e nos lembra de seu sacrifício para o perdão de nossos pecados, pensemos no exemplo que somos chamadas a seguir: devemos amar sem nada cobrar, dar sem nos considerar superiores e elevar os outros, colocando suas necessidades na frente das nossas. Por sua vez, Jesus irá arrebatar nosso coração e mente e os nutrir para uma vida de abnegação e serviço em seu nome. E, de fato, não há nada melhor do que isso!

Pai celeste, que minhas ações, no decorrer do dia, comuniquem aos outros o seu valor, dignidade e importância.

Só por hoje
Vou tratar alguém melhor do que trato a mim mesma.

53
Um pequeno milagre

E não cuide somente do que é seu, mas também do que é dos outros.

Fl 2,4

Na véspera do Natal de 1886, uma menina de 13 anos recebeu um grande presente. Ela era, segundo a opinião geral, excessivamente sensível. À menor provocação já perdia o controle, a ponto de se tornar uma chata para aqueles com quem convivia, ou seja, suas irmãs e seu amado pai. Anos mais tarde, ela descreveu a si mesma como "uma verdadeira provação para os outros", porém "incapaz de corrigir esse defeito" e precisando, com urgência, de "um milagre para fazê-la crescer de uma vez por todas".

O milagre aconteceu depois da Missa do Galo ao ouvir, por acaso, um comentário do pai, que reclamava por ainda ter que embrulhar presentes e colocá-los no sapato dela, conforme o costume da época. Tais palavras cortaram o coração da menina sensível. Descobrir ser um fardo para quem mais amava no mundo foi um choque. Entretanto, ao invés de reagir como de costume – emburrada e chorosa – tomou uma atitude totalmente inesperada. Ficou de cara boa e agiu como se não houvesse escutado uma única palavra. Demonstrando gratidão, abriu os presentes e nunca mais abordou o assunto.

Embora Santa Teresinha de Lisieux tivesse passado muitos anos se esforçando, sem sucesso, para mudar a si mesma, o Senhor completara o trabalho num instante. Quando adulta, ao descrever o incidente, relatou: "Eu senti a caridade entrar em minha alma e a necessidade de me esquecer de mim mesma e agradar aos outros; desde então tenho sido feliz"[17].

Parece paradoxal que a única maneira de experimentarmos a felicidade duradoura na vida seja esquecendo de nossas necessidades. Mas, quando nos tiramos do centro de nossa própria atenção, Deus tem espaço para intervir. Quantos pais não olham para os filhos e pensam: "Só quero que meu filho seja feliz?" Podemos assegurar a felicidade de nossos filhos ensinando-lhes a lição da abnegação para que a caridade crie raízes em seus corações.

Senhor, concede-me a sua graça para que eu possa ser abnegada no trato com os outros.

Só por hoje
Vou esquecer uma ofensa feita a mim.

54
Vocação pessoal

Eu vos exorto a levar uma vida digna da vocação que recebestes. [...] A cada um de nós foi dada a graça conforme a medida do dom de Cristo.

Ef 4,1.7

Tantas e tantas vezes pensamos em vocação como algo que fazemos ou realizamos – um ofício ao invés de um compromisso. No entanto, vocação, no seu sentido mais amplo, não é o que fazemos, mas quem somos – e quem nos tornamos – em Cristo. É o comprometimento de nosso coração com a presença de Deus dentro de nós. Portanto, cada uma de nós tem uma vocação, um significado profundo e um projeto específico no corpo místico de Cristo. Nosso relacionamento com Jesus e o acolhimento dos dons exclusivos escolhidos por Ele para a nossa vida determinam o grau em que expressamos nossa vocação na rotina diária.

Padre Herbert Alphonso, SJ, num de seus livros, descreve vocação pessoal como "o significado ímpar e incomparável concedido por Deus à vida de uma pessoa". Ainda que dez, vinte ou cento e vinte pessoas sejam capazes de discernir o chamado para servir, cada uma delas será serva à sua própria maneira. E essa maneira individual de servir será totalmente única e imutável na esfera espiritual. Nas palavras de Padre Herbert,

"Cada um de nós traz, embutido na vocação pessoal, um modo particular e único, concedido por Deus, de se doar e se entregar a qualquer experiência humana"[18].

Devemos ter tempo de refletir sobre a nossa vocação pessoal e em como esta se acha relacionada com quem somos no seio de nossa família, no círculo de amizades, na igreja e na sociedade em geral. Como os sonhos de Deus para nós se encaixam no nosso cotidiano? Em quem estamos sendo convidadas a nos tornar? Como o ritmo de nossa vida favorece ou prejudica o discernimento de nossa vocação pessoal? Nossa vocação específica, independente de como a manifestamos, com certeza vai nos atrair mais profundamente para o coração do Senhor. Podemos confiar que no decorrer de nossa vida, Deus irá sempre nos confirmar e nos ensinar mais sobre nós mesmas e sobre o nosso coração.

Pai santo, ajude-me a acolher tudo o que é único em mim e me mostre a maneira de expressar minha vocação mais intensamente.

Só por hoje

Vou tirar alguns momentos para refletir sobre a realidade do que significa ser criada à imagem de Deus e agradecer a Ele por me chamar a viver minha vocação.

55
Deus sabe

Confia no Senhor de todo o teu coração e não te apoies na tua própria prudência.

Pr 3,5

Por que a mulher que queria tão desesperadamente ser mãe viu a filha morrer poucas horas depois de nascer? Por que o rapaz adolescente perdeu o controle do carro, pondo fim a uma vida que mal havia começado? Por que minha melhor amiga escolheu tirar a própria vida deixando a todos nós sozinhos para lidar com o mistério de sua escuridão pessoal? Por quê? Por quê? *Por quê?*

A tragédia nunca faz sentido. Na esteira da dor lancinante e da confusão, a ferida aberta do sofrimento pode ser infectada pela necessidade de saber o porquê. Dentre aquelas de nós que enfrentaram a tragédia, as afortunadas têm aprendido a "vivenciar" suas perguntas. Elas acataram o conselho de Rainer Maria Rilke em seu livro *Cartas a um jovem poeta*:

> Tenha paciência em relação a tudo o que não está resolvido em seu coração. Peço-lhe que tente ter amor pelas próprias perguntas [...]. Não procure as respostas que não podem lhe ser dadas agora, porque você não seria capaz de vivenciá-las. E a questão é essa, vivenciar tudo. [...] Talvez então, algum dia, lá adiante, você irá, aos poucos, e sem sequer perceber, vivenciar a resposta[19].

Não há autoentrega maior do que nos libertarmos da ânsia de ter respostas para todas as perguntas
irrespondíveis da vida. A libertação acontece e a vida
recomeça quando nos desobrigamos da necessidade de
desvendar o incógnito. Ou talvez seja o próprio Deus
quem nos concede a graça do desapego. O médico deve
aprender a parar de se atormentar com a pergunta: "Por
que não consigo localizar a origem dessa dor? "A mãe,
"Por que não pude salvar essa criança?" E a amiga precisa se desapegar da angústia de querer saber "Por que
não fui capaz de protegê-la de seu sofrimento?"

Deus nos orienta a não confiar em nosso próprio
entendimento, porque este nunca será suficiente. Assim,
podemos oferecer o nosso "desconhecimento" como
uma prece saída do fundo do coração. Com a misericórdia divina é possível alcançarmos a paz, e então tudo o
que precisamos saber é que Deus sabe, e isso nos basta
para seguir em frente.

Senhor, concede-me a graça de
vivenciar minhas perguntas e de confiar em
seu amor onisciente.

Só por hoje
Vou fazer as pazes com as
minhas perguntas e me agarrar à
esperança em meu coração.

56
Em quem podemos confiar?

Confiai sempre no Senhor; Ele é uma rocha eterna.

Is 26,4

A confiança é um problema para muitas de nós, embora não tenhamos sido criadas por Deus para desconfiar. É exatamente o contrário. Na realidade, uma criança não pode fazer nada exceto depositar sua completa confiança na benevolência daqueles que cuidam dela. Porém, à medida que avançamos na jornada da vida, as promessas quebradas, as traições reais ou imaginárias e as duras consequências de viver num mundo caído, corroem a nossa confiança. O resultado é nos vermos obrigadas a lidar com sentimentos de insegurança, confusão e dúvida.

Um sábio ditado nos aconselha a "confiar em Deus e amar as pessoas", porque sabemos que não há ninguém perfeito. E assim, amamos, e corremos um risco sempre que amamos, pois temos consciência de que as pessoas são capazes de violar nossa confiança e nos decepcionar. Entretanto, é mais fácil correr esse risco quando nos lembramos de que também somos imperfeitas e, portanto, capazes de desiludir os outros.

Deus, por outro lado, é a confiança plena. A pedra angular de sua natureza é ser imutável e infalível. Podemos contar sempre, e em qualquer circunstância, com

Ele. Você sabia que confiança é o tema de mais de 150 passagens bíblicas? A maioria delas exalta as bênçãos resultantes de confiar todas as nossas necessidades ao Senhor. Então por que é tão difícil fazer isso?

Talvez porque, na realidade, não conheçamos Deus tão bem. A confiança só é possível em relacionamentos nos quais existe um certo nível de intimidade. Ou seja, para conhecer Deus melhor precisamos buscá-lo. Podemos encontrá-lo nas Sagradas Escrituras. Esses textos nos ensinam que Deus é bondade e amor (Lc 18,19; Sl 25,10); Deus está ao nosso lado (Rm 8,31); Deus se encanta conosco (Sl 37,23); todas as coisas "contribuem para o bem" daqueles que amam a Deus (Rm 8,28); Deus tem um plano eterno para a nossa felicidade (Jr 29,11), Deus está sempre nos ouvindo (Sl 10,17) e Deus jamais irá nos rejeitar (1Tm 4,4).

E há muito mais!

Deus Pai, me ensine os seus caminhos e me ajude a sempre confiar em você!

Só por hoje
Vou buscar Deus lendo a Bíblia (em especial os Salmos).

57
Guerreira da oração

Com toda sorte de preces e súplicas, orai constantemente ao Espírito.

Ef 6,18

Janet é uma verdadeira guerreira da oração. É a quem todas do nosso grupo recorrem com pedidos de oração pelas intenções que trazemos na alma, ou por algum conhecido. Enquanto muita gente participa de correntes de oração, Janet é uma daquelas poucas pessoas capazes de passar não apenas alguns minutos, mas horas inteiras, rezando pelos outros e é a isso que costuma se dedicar.

Sempre que alguém lhe telefona, ou a visita, Janet parece estar "em oração". Às vezes por uma questão prosaica, como para sua sobrinha se sair bem na prova de gramática, ou então por um problema angustiante, como a necessidade de um milagre para deter o crescimento de um tumor. Todas as intenções recebem o mesmo "tempo orante" de Janet. Sua confiança na providência divina se torna ainda mais forte com cada prece de intercessão oferecida, quer as orações sejam respondidas, ou não. Embora outras pessoas se sintam desanimadas diante das orações "não atendidas", Janet dá a impressão de estar ainda mais determinada em sua vida de oração – assim, o rótulo de "guerreira" realmente se aplica a essa dedicada mulher de fé.

As paroquianas mais jovens veem Janet como uma orante "veterana" e, em certa ocasião, à mesa de chá, pediram-lhe para partilhar o segredo da sua vida de oração. Mostrando-se um tanto desconfortável com todo "aquele auê", Janet declarou que os seus momentos mais eficazes de oração aconteciam quando ela não falava praticamente nada. "Às vezes apenas penso nas pessoas, as levo para o altar e as deixo lá", explicou. "Não tenho ideia do que dizer, porém sei que Deus sabe o que fazer com elas. Levo-as até o altar nas minhas orações, mas Deus realiza todo o trabalho!"

Janet não tem fórmula secreta, ou um canal de comunicação direto com Deus, apenas uma fé incrivelmente simples que foca mais no seu relacionamento com Cristo do que nos resultados de suas orações. A cada prece de intercessão, abre o coração diante de Cristo e confia em sua resposta amorosa às necessidades que ela apresenta. Dessa forma, todas nós podemos ser guerreiras da oração. Podemos ser mulheres de uma confiança tenaz, com uma vida rica de oração, se nos rendermos à bondade de Deus e deixar os resultados com Ele.

Senhor, aprofunde minha fé e o meu relacionamento com você através da minha vida de oração.

 Só por hoje
Ore através do silêncio e busque as intenções do Senhor para aqueles que estão em seu coração.

58
Conservar a simplicidade

> O *Senhor protege os simples: eu era fraco e Ele me salvou. Volta, minha alma, à tua paz, pois o Senhor te fez o bem.*
>
> Sl 116,6-7

Provavelmente não existe mulher que não concorde com a seguinte observação: "Ano após ano, as complexidades do mundo se tornam ainda mais atordoantes e assim, a cada ano, precisamos buscar paz e conforto na alegria da simplicidade". Entretanto, essa afirmação não saiu de um *best-seller* de hoje, mas de um exemplar, de 1935, da revista *The Woman's Home Companion*![20]

É revelador para nós constatar que as gerações de mulheres que nos antecederam – nossas mães e avós – enfrentaram alguns dos mesmos desafios com os quais nos deparamos hoje. Como lidaram com eles? É evidente que suas vidas não eram tão repletas de escolhas e distrações quanto as nossas. Porém, cada geração se defronta com o dilema do "progresso" e de sua consequente complexidade.

Mesmo que tenhamos um milhão de tarefas a desempenhar todos os dias, ainda é possível simplificar nossa rotina. Simplicidade tem tanto a ver com a purificação de nosso coração e da nossa vida quanto com a poda das atividades em excesso. Por exemplo, podemos gastar 15 minutos lendo um livro para uma criança, ou fofocando com a vizinha. Podemos passar meia hora rezando o terço, ou navegando na internet. Podemos contemplar o pôr do sol, ou assistir a um capítulo da novela. Podemos ir para uma sessão de jogatina, ou passear pelo parque. Tudo é uma questão de como, em que e onde concentramos nossa atenção. Simplicidade, paz e conforto derivam da profundidade e significado que conferimos e recebemos de nossas atividades diárias. Não se trata do quanto experimentamos em nossa vida, mas da qualidade da nossa experiência de vida. É isso que nos levará de volta à simplicidade e à pureza.

Inúmeras pessoas ocupadas e produtivas vivem vidas muito simples. Madre Teresa de Calcutá era uma delas. Suas prioridades estavam centradas no Senhor e sua atenção focada nas coisas que mais importavam. Podemos fazer o mesmo e assim nos tornarmos modelos para as gerações de mulheres que estão por vir.

Senhor, ajude-me a conservar
a simplicidade.

Só por hoje
Vou procurar vivenciar uma experiência de qualidade que irá trazer conforto para mim ou para o outro.

59
Temperar com sal

Que vossa conversa seja sempre agradável,
com uma pitada de sal, de modo que saibais
responder a cada um como convém.

Cl 4,6

Você conhece alguém que sempre diz, exatamente, aquilo que você quer ouvir? É pouquíssimo provável que você consiga considerar esse alguém merecedor de sua total confiança, porque não é possível existirem duas pessoas tão ligadas assim, a ponto de estarem de pleno acordo o tempo inteiro.

A citação contida em Cl 4,6 reforça a importância de nos exprimirmos com caridade. No entanto, como cristãs, somos chamadas a algo ainda muito mais difícil e significativo: somos chamadas a falar a verdade no amor.

Às vezes o sal costuma ser um fator irritante. Porém, embora arda quando aplicado, tem sempre um efeito de "depuração". Quando nossas palavras são "temperadas com sal", levamos clareza a uma situação. Nós nos preservamos de nos vender ao denominador comum da cultura e de usar nossa fala para causar danos, ou como meio de manipulação. O sal às vezes nos afastará dos outros, mas também irá curar as feridas daqueles a quem mentiram, ou daqueles que estão buscando a verdade e a confiabilidade de quem expressa essa verdade.

Sempre temos uma escolha de como agir quando se trata de "responder a cada um como convém".

Dentro de nossa capacidade, precisamos nos esforçar ao máximo para nos permitir ser conduzidas pelo Espírito Santo ao falar. Há uma enorme diferença entre esfregar sal na ferida e temperar nossas palavras com sal, assim como é imensa a diferença entre rudeza e sinceridade. Rudeza tem o potencial de provocar um mal incalculável, enquanto a sinceridade pode abrir o caminho para uma comunicação melhor.

A adição de sal às nossas palavras é algo pelo qual devemos orar. É óbvio que não faremos bem a ninguém se tentarmos agradar a todo mundo com tudo o que sai de nossa boca. Da mesma forma, sal em excesso deixará um gosto ruim na boca de qualquer pessoa. Portanto, rezemos pela quantidade adequada de sal quando falarmos a verdade no amor.

Espírito Santo, tempere as minhas palavras com o seu amor.

 Só por hoje
Vou acrescentar sal, conforme o necessário, às minhas conversas.

60
Anjo em treinamento

Para onde fores, eu irei, e onde quer que passes a noite, pernoitarei contigo [...]. Onde quer que venhas a morrer, aí eu quero morrer e aí quero ser sepultada.
Rt 1,16-17

Após a morte de minha melhor amiga, fiquei completamente perdida e sem chão nos primeiros dias de luto. Logo que retornei ao trabalho, lembro-me de pensar em usar um crachá com os dizeres: "Desamparada: Trate com cuidado". O mundo continuava a girar, enquanto eu permanecia congelada na tristeza, ansiando poder voltar no tempo.

Como acontece diante da morte ou de um evento traumático, todos se esforçaram ao máximo para me fazer sentir melhor. Algumas dessas pessoas já me eram muito queridas, outras nem tanto. E houve aquelas almas compassivas que se revelaram anjos disfarçados. Um desses anjos foi um colega de trabalho, recém-chegado à empresa. Estávamos trabalhando juntos num projeto inesperado e achei que lhe devia uma explicação sobre a minha dificuldade de concentração. Depois de me oferecer sinceros pêsames, ele declarou, firme: "Você precisa de uma massagem".

O conselho prático mostrou ser exatamente o que eu necessitava. Surpreendeu-me o fato de ele haver sabido que meu corpo gritava por conforto. O fardo físico do sofrimento pode ser torturante para o corpo. As dores e os padecimentos davam a impressão de surgir do nada e eu tinha a sensação de carregar todo o peso do mundo nas costas.

Descobri que meu colega entendia o que eu estava passando porque, sendo veterano da Guerra do Vietnã, perdera alguns amigos vítimas do suicídio. É um bálsamo curativo nos conectarmos com aqueles que já sentiram na pele o que sentimos. Quer os denominemos almas irmãs, guias, ou anjos disfarçados, tenho certeza de que, quando estamos atravessando o "vale da sombra da morte", o Senhor nos envia companheiros de viagem especiais – gente capaz de percorrer uma parte do caminho conosco.

Então, quando enfim alcançarmos o outro lado do vale, teremos o privilégio de ajudar alguém. Por causa da nossa experiência, estaremos preparadas, de maneira única, para ir aonde essa pessoa for e pernoitar onde ela pernoitar, porque já tivemos um anjo ao nosso lado.

Senhor, obrigada pelos anjos que você tem me enviado nos meus momentos de necessidade.

 Só por hoje
Vou perguntar ao Senhor como posso usar minhas experiências para ajudar o próximo.

61
O drama da vida

A oração da fé salvará o enfermo, e o Senhor o levantará.

Tg 5,15

Liz é enfermeira itinerante e como tal trabalha em centros cirúrgicos de todo o país. De norte a sul, de leste a oeste, tem desfrutado da oportunidade de exercer sua profissão em alguns dos pontos mais excitantes e exóticos do território nacional. Entretanto, a reverência e o respeito pelo papel que desempenha no processo de cura sempre se renovam ao entrar na sala de cirurgia.

O termo "sala de operação" soa algo poético e nos lembra de que aquele é um solo sagrado, onde o drama da vida e da morte é encenado todos os dias. Não existe nenhum outro lugar onde a vida fica literalmente por um fio. E, de acordo com Liz, também é um lugar onde ela e outras pessoas sentem a presença inegável de Deus de uma maneira profundamente misteriosa.

Liz conta a história de uma cirurgia em que sua tarefa consistira em segurar o coração de um homem nas mãos enquanto os médicos realizavam uma intervenção delicada em sua coluna. Com tamanha responsabilidade diante de si, fechara os dedos ao redor do órgão com firmeza. Mas, ao fazê-lo, notara que os batimentos do coração do doente estavam um pouco erráticos. Será que a leve arritmia – que não era significativa o suficiente para provocar alarme – fora registrada pelo monitor?, perguntara-se. Ou apenas ela estava conseguindo detectar a alteração?

Sua reação fora se inclinar sobre o tórax aberto do paciente e rezar em silêncio para que o coração dele começasse a bater no ritmo do seu. Pouco depois, percebera que assim acontecera. Os dois corações batiam em uníssono. E durante as *seis horas* seguintes, Liz permanecera de pé junto do homem, as mãos em concha, cheias de delicadeza, fechadas ao redor de seu coração. Ela não podia se mexer, descansar, ou fazer um intervalo porque, literalmente, tinha a vida de alguém nas mãos.

A maioria de nós nunca vivenciará a experiência de segurar a vida de alguém nas mãos, mas *somos* chamadas a carregar os fardos das pessoas no desenrolar do drama da vida. Não sabemos quando seremos convidadas a desempenhar "papéis de coadjuvantes" no processo da cura – a exemplo de Liz –, todavia rezemos para que o nosso coração esteja pronto quando a cortina subir!

Senhor, você é maravilhoso e louvo seu santo nome. Use-me para levar a sua vida e a cura aos outros.

 Só por hoje
Vou procurar ter um encontro de almas com alguém.

62
Nada além de alegria

Eu vos disse isso, para que a minha alegria
esteja em vós, e a vossa alegria seja completa.
Jo 15,11

A alegria é um dom maravilhoso. Não depende das circunstâncias, ou está sujeita a qualquer controle ou condição exterior. Ninguém pode roubar-lhe a alegria sem a sua permissão. A alegria não é um sentimento; é um jeito de ser. Por isso, em sua carta aos primeiros cristãos, Tiago os adverte a não "considerar nada além da alegria" sempre que enfrentarem provações (Tg 1,2). Resistir às provações os faria "perfeitos e íntegros, sem falta ou deficiência alguma" (Tg 1,4).

Nós também podemos considerar a ideia de ser "nada além de alegria". Deus se vale de nós em seu plano de amar e servir aos outros. É verdadeiramente impressionante que o Criador do universo nos conceda talentos e carismas para usarmos em seu nome. Ele não precisa de nós para realizar coisa alguma e, no entanto, nos quer – a cada uma de nós – como suas aliadas para participar do mistério mais profundo de sua alegria. E é possível conservarmos essa dádiva, mesmo em face a um grande aborrecimento ou dificuldade.

Linda é dona de casa e mãe de cinco filhos. Sempre que a vejo, parece irradiar contentamento. Acredite-me, ela não é nenhuma mulher maravilha e tampouco dá a impressão de estar fora da realidade! Apenas assumiu o compromisso de cultivar a alegria em seu coração. Dentro de sua capacidade, se esforça ao máximo para cooperar com a graça de Deus, ainda que, às vezes, se sinta no limite.

Mas Linda não hesita em admitir que nem sempre foi assim. Dia após dia, tem aprendido através de seus afazeres cotidianos – arrumar camas, limpar narizes escorrendo, dobrar roupas e cozinhar o jantar – que, de uma forma muito concreta, está entregando sua vida ao marido e aos filhos. Tal convicção a inunda de alegria.

O fato de ela estar cumprindo sua vocação de esposa e mãe, e de usar os dons que Deus lhe concedeu, lhe proporcionam uma confiança serena e firme. Linda sabe, no fundo do coração, que Deus está ativamente envolvido em sua rotina diária. Ele a ampara com a sua força e lhe infunde alegria para que ela possa seguir adiante em seu nome. Essa é a promessa que Deus nos faz quando lhe consagramos nossa vida: a nossa alegria será completa. E simplesmente não existe nada melhor do que isso!

Senhor, enche-me de alegria e me mostre como entregar minha vida pelos outros.

 Só por hoje
Vou refletir sobre os dons e talentos que Deus me concedeu para servir os outros.

63
Uma ajuda incessante

Deus é para nós refúgio e força, defensor poderoso no perigo.
Sl 46,1

Imagine Jesus de pé bem atrás de você neste exato instante, com a mão pousada em seu ombro. Seu toque firme, porém suave, lhe diz: "Você pertence a mim". Ele está tão perto, que é possível sentir sua presença; uma presença que a conforta e encoraja. Imagine-se virando para trás. Jesus a está fitando e, embora não fale uma palavra, a ternura em seu olhar revela que você é amada, aceita, valorizada e compreendida. Seus medos se dissipam, a tensão em seu corpo se esvai e você experimenta uma profunda sensação de contentamento e plenitude. Ao refletir sobre essa experiência, você agradece ao Senhor por estar ali, ao seu lado, pronto para ajudá-la.

Jesus transformava as pessoas de sua época com a sua simples presença. Seu zelo e compaixão as inspiravam a deixar família, amigos e bens para segui-lo. O belo exemplo de fé da mulher com hemorragia atesta quão determinada ela estava a vencer uma grande distância apenas para tocar-lhe o manto. A reputação de Jesus – de Mestre e alguém capaz de oferecer a cura – já havia se espalhado pelos quatro cantos e o povo percebia que Ele era realmente diferente dos demais.

Hoje, o Senhor continua a cuidar dos tristes e dos que sofrem. Entretanto, Ele nos convida a assumir o seu lugar agora, porque é através de nós que os seus cuidados e a sua preocupação são percebidos pelos que nos cercam. Imaginar a presença misericordiosa e constante de Jesus junto de nós nos ajudará a levá-lo àqueles que cruzarem o nosso caminho.

Para muitos, Jesus é apenas uma figura histórica admirável. Para outros, sua reputação está enterrada sob camadas de equívocos, medos e desapontamentos. Alguns têm sido profundamente traídos e feridos por pessoas agindo em nome de Jesus. Quer tenhamos em nossa vida um filho aflito, um marido angustiado, ou alguém precisando de socorro, Jesus é esse auxílio incessante e Ele quer nos usar como seus instrumentos compassivos para atuar no mundo.

Senhor, revele a profundeza de seu coração generoso para que eu possa compartilhá-lo com aqueles necessitados de sua presença.

 Só por hoje
Vou abrir espaço na minha rotina diária para passar algum tempo meditando na companhia de Jesus.

64
Os olhos de Deus

*Felizes são os vossos olhos porque veem e vossos
ouvidos porque ouvem.*

Mt 13,16

Roberta trabalha no centro da cidade há mais de vinte e cinco anos. No decorrer de sua carreira de assistente social já levou cusparada e tiro, já lhe mentiram e ameaçaram. Mas também tem sido instrumento do amor, aceitação e paz desmedidos de Deus. E o incrível é que continua entusiasmada e cheia de esperança! Até o coração mais duro, ou a alma mais alquebrada, são acolhidos por seu espírito abrasador e otimista. Ao lhe perguntarem como conseguia manter tal atitude positiva, respondeu: "Todos os dias aprendo um pouco mais sobre quem é Deus através das pessoas com quem me deparo. É como me lançar numa aventura excitante sempre que saio para trabalhar!" Ela chama essas lições de "momentos de Deus", e é o que a sustenta nas ocasiões mais difíceis, quando lida com o ser humano e suas fragilidades.

A postura de Roberta em relação ao exercício de sua profissão é tanto humilde quanto sábia. Ela permanece aberta e reconhece suas próprias limitações diante do pecado, do sofrimento e da dor. Permite-se ser usada nos projetos de Deus para levar luz a alguns dos recantos mais sombrios da terra. Deixa os resultados nas mãos de Deus e por causa de sua disposição de perseverar, Deus lhe deu olhos "novos". Foi-lhe concedido o dom de ver a face do Senhor no rosto do próximo, mesmo daqueles que não apreciam, ou não querem, a sua ajuda. Todavia, ao invés de se tornar amarga ou cínica, como talvez acontecesse com outras pessoas, Roberta transforma seus encontros cotidianos em oportunidades para enriquecer e aprofundar seu relacionamento com Deus.

Esse tipo de vida, pleno de graça, está ao alcance de cada uma de nós à medida que servimos nossa família e comunidade. Podemos conservar a esperança quando diante de um sofrimento intenso e manter o entusiasmo quando imersas em circunstâncias desanimadoras. Podemos escolher, assim como Roberta, aguardar, numa alegre expectativa, os "momentos de Deus" capazes de nos levar às descobertas mais profundas e significativas sobre o amor de nosso Senhor pelos outros e por nós também.

Senhor, dê-me olhos para vê-lo em todas as pessoas com quem eu me encontrar hoje.

Só por hoje
Vou acolher minha vida como um aventura e esperar pelos "momentos de Deus".

65
Amor perfeito

Aquele que tem medo não chegou à perfeição do amor.

1Jo 4,18

O medo é um adversário descomunal. Esse sentimento levou os discípulos a repreenderem Jesus quando o descobriram conversando com a mulher junto do poço, e fez com que Pedro negasse o Senhor após presenciar sua prisão. É o medo que nos impele a ignorar, julgar, comparar, abandonar e condenar o próximo. A maioria de nós nem sequer percebe a extensão do próprio medo que nos impede viver de acordo com o projeto de Deus.

Por exemplo, foi o medo que me induziu a desviar o olhar de uma mulher que acenava para mim do outro lado da rua quando, certa manhã, eu entrava na igreja para a missa. Nunca vou saber o que ela queria, ou precisava. Tudo o que sei é que aquela desconhecida me pareceu aflita, pobre e muito *diferente* de mim. Assim, escolhi fingir não haver ninguém ali por perto.

Na saída da missa, de repente me veio à mente a imagem de Lázaro e do rico. Você se lembra da história. Houve um grande banquete e muitos amigos do rico compareceram, enquanto Lázaro permanecia faminto e doente junto ao portão da casa. Lázaro não era considerado nada além de uma inconveniência, um objeto a ser descartado, ou sumariamente ignorado. Quão convicta me senti do meu próprio pecado e pobreza quando pensei no banquete do qual *eu* acabara de participar, enquanto aquela mulher fora largada plantada do lado de fora.

"No amor não existe medo", escreveu o Apóstolo João, "pelo contrário, o amor perfeito lança fora o medo" (1Jo 4,18). Então por que temos tanto receio de fazer a coisa certa, de dar o primeiro passo na direção da cura? Por que temos tanto receio de amar sem reservas? Tudo remonta àquele primeiro momento de medo, quando Adão e Eva desobedeceram a Deus e se esconderam, envergonhados. A consequência é vivermos num mundo imperfeito, onde reina o temor.

Entretanto, vigora também a esperança de que, com a graça de Deus, seremos capazes de superar nossos medos e amar de maneira mais plena. A boa notícia é que servimos a um Deus que sempre nos oferece segundas chances e, conforme aconteceu com os apóstolos, outra oportunidade nos será apresentada, um outro Lázaro aparecerá à nossa porta. Rezemos para que, desta vez, tenhamos a coragem de convidá-lo a entrar.

Senhor, expulse o medo do meu coração, o medo que me impede de amar aos outros mais plenamente.

Só por hoje
Vou amar sem ter medo.

66
Mantenha distância para Deus agir

*Aos que a respeitam, porém, a sabedoria livrou
de suas fadigas.*

Sb 10,9

Nosso Senhor nos chamou a servirmos uns aos outros. Mas é possível fazer demais da conta por alguém que vemos lutando? Acredite, é possível sim – se provermos suas necessidades tão inteiramente a ponto de lhe tirar também a responsabilidade de ajudar a si mesmo. Quer sejam nossos filhos, amigos, cônjuge, ou o resto do mundo, as pessoas precisam da oportunidade de aprender com os próprios erros. O fracasso é um componente necessário do sucesso. Porém, se no processo de auxiliarmos os outros eliminamos toda e qualquer possibilidade de que se frustrem, nós os privamos de um ingrediente essencial para o seu completo amadurecimento como ser humano.

Infelizmente, muitos órgãos assistenciais têm criado enormes contingentes de indivíduos dependentes aos lhes roubar a dignidade resultante de assumir responsabilidade pelas circunstâncias em que se encontram. Isso acontece na esfera pessoal também. Pais superprotetores acabam cruzando a linha tênue entre a orientação parental saudável, que permite à criança crescer, e o controle excessivo, que leva o filho a se sentir desamparado, ou sufocado.

Uma amiga bem-intencionada às vezes se envolve em demasia na vida de outra, quando esta enfrenta uma crise. E às vezes a crise é exatamente o que a outra precisa para aprender uma valiosa lição de vida porque as dificuldades, não raro, promovem o fortalecimento do caráter. Não devemos interferir no plano de Deus para alguém na nossa ânsia de sermos úteis.

Se não conseguimos perceber a diferença entre auxiliar e extrapolar, um padre, ou diretor espiritual, pode nos aconselhar a fim de que mantenhamos a distância adequada e não deixemos o outro ressentido diante dos nossos esforços frenéticos para resolver a situação. Um bom indicador de que talvez estejamos indo além da compaixão e nos excedendo é quando temos a sensação de que carregamos um fardo, nos sentimos exaustas ou então sempre confusas.

É perfeitamente correto recuarmos quando lidamos com aqueles que não querem, ou se mostram incapazes de assumir a responsabilidade por si mesmos. Podemos manter uma distância amorosa e explicar, com clareza, os nossos próprios limites, ou os parâmetros de nosso auxílio. Agindo assim, estaremos enviando uma mensagem firme de carinho e preocupação, pois comunicamos a nossa crença na capacidade do outro de ajudar a si mesmo.

Senhor, ajude-me a ser prudente ao auxiliar os outros e a manter uma distância amorosa quando necessário.

 ## Só por hoje
Vou rezar antes de agir para me assegurar de que não ultrapassarei meus limites.

67
Filhas da dignidade

Deus criou o ser humano à sua imagem, à imagem de Deus o criou. Homem e mulher Ele os criou.

Gn 1,27

Em sua Carta Apostólica *Mulieris Dignitatem* (*Sobre a dignidade e a vocação da mulher*), João Paulo II citou as palavras de seu antecessor, o Papa Paulo VI:

> No cristianismo, de fato, mais que em qualquer outra religião, a mulher tem, desde as origens, um estatuto especial de dignidade [...]. Aparece com evidência que a mulher é destinada a fazer parte da estrutura viva e operante do cristianismo de modo tão relevante, que talvez todas as suas potencialidades ainda não tenham ficado claras[21].

Alguns interpretam essa declaração no sentido de que as mulheres devem buscar a igualdade com os homens no sacerdócio. Outros a traduzem como um desafio para expandir a participação feminina na estrutura política ou governamental da Igreja. No entanto, João Paulo II expressou algo ainda mais profundo. Ele nos convidou a nós, mulheres católicas, a explorar a complexidade e amplitude de nossa influência espiritual e a abraçar a dignidade que flui de nossa vocação, concedida por Deus, no corpo místico de Cristo.

A muitas de nós nada foi ensinado sobre a nossa autêntica índole feminina e sobre a força espiritual de seus frutos. Trata-se de uma fortaleza que não podemos medir materialmente, nem alcançar através de nossos esforços apenas. Ao acolher a dignidade de sua verdadeira vocação, as mulheres se tornam "um amparo insubstituível e uma fonte de força espiritual para os outros, que percebem as grandes energias do seu espírito. A estas 'mulheres perfeitas' muito devem as suas famílias e, por vezes, as nações"[22].

Quando Jesus disse à samaritana, no poço, "Se conhecesses o dom de Deus" (Jo 4,10), Ele estava se referindo a si mesmo e trazendo à tona o dom que ela já possuía, embora ainda o ignorasse – sua dignidade. Jesus está nos dizendo a mesma coisa, a nós, as filhas de Deus dos dias atuais. Como você pode trazer à tona, de um modo mais completo, o dom de sua santidade e a plenitude feminina a fim de ajudar a humanidade hoje?

Senhor, obrigada pelo dom da minha feminilidade. Guie-me para uma compreensão mais profunda desse dom.

Só por hoje
Vou me comprometer a ler a carta apostólica de João Paulo II sobre a dignidade da mulher.

68
Alma amiga

Vinho e música alegram o coração, mas o amor de amigos excede ambas as coisas.

Eclo 40,20

A cultura celta tem um termo para designar um tipo especial de amigo definido como *anam cara*, ou, "amigo da alma". É uma bela forma de amizade que reconhece o profundo vínculo espiritual de comunhão entre duas almas. Em seu livro *Anam Cara: um livro de sabedoria celta*, John O'Donohue descreve *anam cara* como alguém com quem "você poderia partilhar o seu eu mais íntimo, sua mente e seu coração"[23].

Essa amizade da alma é um vínculo de pertença que capacita uma pessoa a ser completamente autêntica com outra; é uma amizade transformadora que traz clareza espiritual e uma compreensão eterna entre dois seres. Quantas de nós possui uma verdadeira amiga da alma com quem compartilhar aqueles aspectos mais profundos e ocultos de nós mesmas? Seu coração anseia por alguém assim? Então reze para que Jesus lhe envie a sua *anam cara*.

Muitas mulheres têm buscado amizades espirituais através da oração e alcançado a graça de encontrá-las.

Carol é um exemplo. Além de mãe de primeira viagem, ela estava retornando à Igreja Católica. Junto com a filha pequena, começou a participar da missa todos os dias antes de ir para o novo emprego, na cidade vizinha. Enfrentando, em praticamente todas as áreas de sua vida, diferentes experiências e desafios, Carol se sentia perdida e solitária. Ansiava por uma amiga com quem dividir seus pensamentos mais particulares sobre a maternidade e a recém-descoberta alegria da fé.

Durante longos oito meses, Carol orou pedindo ao Senhor para pôr uma amiga em seu caminho. Certo dia, depois da missa, uma senhora se aproximou e convidou-a para a reunião mensal das mulheres da paróquia. Carol aceitou o convite de todo o coração. Ao entrar na sala lotada, uma verdadeira onda de aceitação, amor e apoio a engolfou. Uma pessoa em particular pareceu se destacar das demais. A afinidade e a conexão entre Carol e aquela mulher, até então uma total desconhecida, foi imediata. A amizade das duas floresceu à medida que se revelavam, de fato, almas irmãs, a quem fora concedida a graça de partilhar a jornada da vida como autênticas *anam caras*.

Senhor, tendo você como o meu guia, mostre--me como ser uma anam cara.

 Só por hoje
Vou buscar a vontade de Deus nas minhas amizades.

<h1 style="text-align:center">69
O amor sempre vence</h1>

Ora, a vós que me escutais, eu digo: Amai
os vossos inimigos e fazei o bem aos que vos
odeiam. Falai bem dos que falam mal de vós e
orai por aqueles que vos caluniam.

Lc 6,27-28

Se a cruz de Cristo nos ensina alguma coisa, é que o amor sempre vence. Não importa com quais dificuldades nos deparamos, quais decisões enfrentamos ou quais escolhas fazemos, pois quando priorizamos amar, nós vencemos. Isso acontece porque o amor, por sua própria natureza, é indestrutível e invencível.

Quando Cristo morreu na cruz, pareceu que o amor havia sido derrotado. Mesmo os apóstolos, e os outros seguidores de Jesus – dominados pelo medo e pelo desespero – duvidaram de sua mensagem.

Hoje, não precisamos olhar para muito longe para perceber o poder do mal no mundo e assim é tentador concluir que o mal triunfou. No plano pessoal, talvez estejamos confrontando a decisão de amar, ou odiar. A mensagem de Cristo para nós é que escolhamos amar e aceitemos sua graça de pôr em prática tal resolução, a despeito do que possa acontecer.

Houve o caso de uma mãe profundamente abalada pelo assassinato da filha. Essa mãe se torturava e se debatia diante da necessidade de perdoar o homem que cometera o crime. Sentindo-se aprisionada pelo ódio e pela dureza do próprio coração, a decisão de amar, para ela, era uma questão complicada. Queria punir o criminoso pela dor causada à sua filha e à sua família. Porém, bem no fundo, sabia que o seu desejo de vingança iria consumi-la e que o seu ódio desonraria a memória de sua amada filha.

Então, ela escolheu amar. Tomou a *decisão* de perdoar o assassino, apesar de seus sentimentos, e prometeu rezar pela alma dele diariamente. Todos os dias, ainda que mal conseguisse pronunciar o nome daquele homem, o incluía em suas orações. Os dias se converteram em meses, os meses em anos, e algo milagroso aconteceu. O bandido confessou seu pecado e entregou sua vida ao Senhor, enquanto o coração da mãe se abrandava e ela se transformava interiormente através do trabalho voluntário com prisioneiros. O amor triunfou sobre o pecado e a morte pela ressurreição de Jesus e o amor triunfa hoje, todas as vezes que escolhemos o bem em detrimento do mal.

Senhor, a sua cruz é a prova de que o amor tudo conquista. Ajude-me a carregar minha própria cruz e a escolher o amor, mesmo quando me parece impossível fazê-lo.

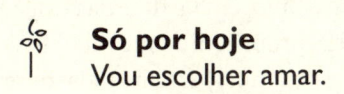 **Só por hoje**
Vou escolher amar.

70
Hora de reabastecer?

Pois a todo aquele que tem será dado mais, e terá em abundância, mas daquele que não tem, até o que tem lhe será tirado.
Mt 25,29

Nós somos responsáveis por assegurar que nossos poços espirituais não sequem. Ser boas administradoras de nosso tempo e energia nos permite realizar grandes coisas para o Reino de Deus. Duas parábolas no Evangelho de Mateus trazem lições sobre como gerenciar tempo e recursos: a Parábola das Dez Virgens e a Parábola dos Talentos. Ambas recomendam uma postura equilibrada: não devemos nos sobrecarregar até a completa exaustão física e emocional, e tampouco ser tão mesquinhas com os nossos investimentos a ponto de, para conservá-los, não mover uma palha.

Deus nos dá, a cada uma de nós, de acordo com a nossa capacidade. Algumas pessoas têm mais a oferecer do que outras. A questão é nos conhecer bem o suficiente para perceber quando é hora de nos reorganizar e reabastecer os "motores" espirituais. Com certeza a melhor maneira de nos recompor é recebendo Jesus na eucaristia. Entretanto, em virtude das exigências que nos são feitas pela própria dinâmica da vida, há fases em que não conseguimos participar da missa diária. Nesses períodos, podemos comungar espiritualmente.

Diante de quaisquer necessidades, nosso papel é decidir como reagir mediante o que temos a ofertar. Não raro nos comprometemos depressa demais, e a executar coisas demais, correndo assim o risco de nos esgotar, ou de desistir de compromissos assumidos por receio de que não será possível cumpri-los. Em vez de tanta correria, precisamos aprender a avaliar nossa força física, recursos financeiros e disponibilidade de tempo. Então, devemos pedir ao Pai Eterno para nos guiar e providenciar o que talvez esteja nos faltando.

Deus pode nos usar à medida que estamos prontas, dispostas e capacitadas. Cabe a nós nos certificarmos de que possuímos energia física, espiritual e emocional para caminhar nos passos de Jesus e saciar as carências daqueles ao nosso redor.

Senhor, ajude-me a ser uma boa administradora de tudo o que você me tem dado, para que eu possa usar os meus dons sabiamente.

Só por hoje
Vou fazer uma análise das minhas reservas físicas, emocionais e espirituais e efetuar os ajustes necessários.

71
Sacrifício perfeito

Meu sacrifício é um espírito contrito. Um coração contrito e esmagado Tu não o desprezas.

Sl 51,19

Eis aqui algo para refletir: fazer todas as coisas certas não é nenhuma garantia de que todas as coisas darão certo. Mas às vezes nos pegamos alimentando esse tipo de pensamento, não é? E então nos sentimos bem desanimadas, e talvez até irritadas, quando nada sai do jeito que queríamos. O irmão mais velho, da Parábola do Filho Pródigo, era alguém que fez todas as coisas certas. Ele não desrespeitou o pai esbanjando sua herança e tampouco saiu de casa (o que, na época, consistia um verdadeiro insulto à figura paterna). Pelo contrário, trabalhou e assumiu responsabilidades, enquanto seu irmão caçula se esbaldava durante anos a fio. Com certeza consideramos o filho mais velho um bom sujeito.

E, no entanto, quem acabou ficando com todas as delícias? Parece que o irmão mais novo deveria ter recebido uma punição, não ganhado uma festa. Quanto ao irmão mais velho, ser perfeito não lhe trouxe nenhuma recompensa, conforme supusera. Ele estava fazendo todas as coisas certas, porém, como descobrimos no decorrer da história, pelas razões erradas! Na sua percepção, a fidelidade lhe renderia uma herança. Uma lição importante contida na Parábola do Filho Pródigo é que nossos motivos contam sim!

O Senhor vê o que permanece oculto nas profundezas do nosso coração. Ele sabe quando estamos apenas procurando "pavimentar nosso caminho" para o céu através de boas ações. Ele sabe quando nos preocupamos mais em "marcar pontos" do que com a pureza de nossas intenções. Ele também compreende a natureza humana e assim nos concede o Espírito Santo para que nossas verdadeiras motivações nos sejam reveladas. Não precisamos nos preocupar excessivamente em analisar cada uma de nossas atitudes, contudo é bom termos alguma consciência de nossa tendência para o orgulho velado e o perfeccionismo.

Um coração contrito é um coração disposto a admitir seus erros e seus interesses secretos. Um espírito contrito é aquele que simplesmente aceita suas imperfeições de boa vontade e com gratidão a um Deus que é, apenas Ele, perfeito. Podemos oferecer nossas imperfeições a Deus com confiança, certas de que Ele nos aceita do jeito que somos.

Obrigada, Senhor, pela luz do Espírito Santo
e por seu julgamento misericordioso de
minhas ações.

 Só por hoje

Vou analisar meus motivos num determinado relacionamento ou área da minha vida, pedindo ao Espírito Santo que ilumine meu coração e minha mente.

72
O oposto do amor

Senhor, quando foi que te vimos [...] doente ou preso, e não te servimos?

Mt 25,44

O oposto do amor não é o ódio; é a indiferença. Experimentei essa realidade na pele certa manhã, numa loja de conveniência. Quando estava para entrar no local, deparei com uma visão chocante. Um homem, encurvado, agarrava-se à porta como se esta fosse, literalmente, um salva-vidas. Esquálido, babando, imundo e, sem dúvida alguma, drogado.

Aquele pobre coitado estava à beira da morte e, no entanto, as pessoas iam e vinham, cuidando de seus afazeres como de costume – como se não houvesse ninguém ali. Porém, a despeito da cena perturbadora, confesso que também entrei na loja sem lhe lançar um segundo olhar. No fundo, esperava que o sujeito já houvesse ido embora quando eu saísse porque sabia que não conseguiria ignorá-lo uma segunda vez.

De fato, quando saí, ele estava sentado no chão, as costas apoiadas à parede do prédio. Ajoelhei-me ao seu lado e lhe perguntei como poderia ajudar. Para minha surpresa, o desconhecido me fitou. Em seus olhos, vi algo que beirava o absurdo, considerando as circunstâncias. Vi um lampejo de esperança.

Naquele momento me dei conta, com perfeita clareza, de que ou escolhemos amar, ou simplesmente não damos a mínima. Assim, implorei ao gerente da loja para chamar uma ambulância e não a polícia. Sentei-me junto do homem, acariciei sua mão e tentei convencê-lo a beber um pouco de água. Fiz o que pude, todavia ainda sou assombrada pela ideia de que não fiz o suficiente. Tal é o fardo do amor.

Enquanto a ambulância se afastava, chorei, não de tristeza e sim de pura reverência por Deus ter me concedido a honra de encontrá-lo sob o disfarce de um drogado "desesperançado" – um indigente chamado Anthony que me disse que eu o lembrava de sua irmã. Nunca vou me esquecer da última imagem que guardo dele: sua mão incrustada de sujeira erguendo-se para me abençoar com o sinal da cruz. Seu débil, mas inegável sorriso, ainda arde em minha memória e aquece o meu coração. Tal é a recompensa do amor.

Senhor, obrigada pela oportunidade de amá-lo e servi-lo em seus mais penosos disfarces. Abra meus olhos para que eu seja capaz de reconhecê-lo.

✥ Só por hoje
Vou rezar pela libertação de Anthony e de todos aqueles que são escravos do vício.

73
Bons frutos

Ao avistar uma figueira na beira do caminho, foi até lá, mas não achou nada [...]. Disse então à figueira: "Nunca mais produzas fruto algum!"
Mt 21,19

Com os anos, mais experientes nos tornamos em distinguir entre o que é necessário em nossas vidas e o que não é. Nossos gostos vão se refinando e nos descobrimos mais seletivas em relação ao modo de passar o tempo e na companhia de quem. Tendemos a preservar nossa energia e iniciativas e o resultado é que ficamos um pouco mais "sistemáticas".

Considerando tal propensão, temos que estar atentas para não acabarmos com a mente fechada, inflexíveis quanto às nossas expectativas e duras nas interações com os outros. Quando Jesus amaldiçoou a figueira em Mt 21,19, Ele estava injuriando uma condição que também aflige o coração humano. Se não tivermos cuidado, nosso coração seca e enrijece, convertendo-se em terreno improdutivo. À medida que envelhecemos, precisamos evitar sobreviver, em anos, à nossa capacidade de ser úteis, deixando de dar bons frutos. Cabe-nos impedir que isso ocorra permitindo que Jesus continue a plantar suas sementes de misericórdia, amor e compaixão dentro de nós. Assim como as estações da natureza produzem "frutos" diferentes do nosso labor, o mesmo acontece com as estações da nossa vida. O que chamamos de "terceira idade" pode ser tanto um período de intensa produtividade e do apogeu de tudo o que aprendemos e vivemos, quanto uma fase de declínio e decadência. Enquanto permanecemos receptivas à ampla ação de Deus em nosso coração, seguiremos dando frutos bons e proveitosos.

Sempre temos o potencial de nos pormos a serviço, ou de contribuirmos com algo de valor para o bem do próximo. Deus quer cultivar o solo do nosso coração para a sua grande colheita até o nosso último suspiro. Que continuemos abertas à sua generosidade, de modo que sejamos capazes de oferecer uma safra abundante aos outros.

Pai Santo, faz-me transbordar com o fruto do seu amor e permita que minha vida seja uma expressão de sua abundância.

❧ Só por hoje
Vou escolher um dos frutos do Espírito Santo, conforme apresentados pela Igreja – amor, alegria, paz, paciência, longanimidade, benignidade, bondade, mansidão, fé, modéstia, continência, castidade – refletir sobre eles, estudá-los e expressá--los de forma mais plena ao longo do dia.

74
Caminhar suavemente

Mas na personalidade é que se esconde o vosso coração, marcada pela estabilidade de um espírito suave e sereno, coisa preciosa diante de Deus.

1Pd 3,4

Parece que o mantra dos tempos atuais é muito semelhante ao lema de uma olimpíada da era moderna – "mais rápido, mais alto, mais forte". Embora esses valores possam ser positivos numa competição esportiva mundial, não nos sustentam em nosso cotidiano e estão em conflito com a nossa vida espiritual. Nossa alma anseia por outra abordagem.

Ao invés de "mais rápido, mais alto, mais forte", será que não poderíamos caminhar mais devagar, profunda e suavemente na vida? Devagar, profunda e suavemente... A ausência de brandura acaba gerando a falta de misericórdia e de preocupação com os outros – como acontece quando entramos numa disputa querendo ganhar a qualquer preço. E quando perdemos a capacidade de nos conectarmos verdadeiramente com o próximo, perdemos também a capacidade de nos conectarmos conosco mesmas.

Dois apóstolos, Tiago e João, caíram nessa armadilha. Ao procurarem ocupar um lugar de destaque no Reino de Deus, permitiram que suas ambições levassem a melhor. Faltou a ambos um espírito calmo e gentil. Compare tal comportamento com a mansidão e docilidade de Jesus. Em Is 42,1-4, assim Deus descreve Jesus:

> Eis o meu servo, dou-lhe o meu apoio. É o meu escolhido, alegria do meu coração. Pus nele o meu espírito, Ele vai levar o direito às nações. Não grita, não levanta a voz, lá fora ninguém escuta o que Ele fala. Não quebra o caniço já machucado, não apaga o pavio já fraco de chama.

Tendo Maria como nosso modelo, vamos viver as palavras do sábio contidas em Eclo 3,19-20: "Filho, realiza teus trabalhos com mansidão e serás amado mais do que alguém que dá presentes. Na medida em que fores grande, humilha-te em tudo e assim encontrarás graça diante de Deus".

Devagar, profunda, suavemente... sim.

Querido Senhor, ajude-me a abraçar uma vida de delicadeza e conexão com os outros. Dê-me a graça de me desapegar da necessidade de competir e permita que minha vida seja um derramamento de amor suave e de misericórdia.

 Só por hoje
Vou ser gentil ao demonstrar preocupação por alguém.

75
Nas profundezas

Avançai mais para o fundo, e ali lançai vossas redes para a pesca.

Lc 5,4

Hoje, mais do que em qualquer outro momento da história, estamos correndo o risco de nos afogarmos na superficialidade. Podemos acessar uma quantidade quase infinita de informações ao simples toque de uma tecla e, no entanto, estamos nos afastando cada vez mais da verdade. Possuímos mais bens do que jamais imagináramos possível e muito menos substância. Dominamos a tecnologia que nos permite conversar com alguém do outro lado do mundo – a quem nunca iremos ver pessoalmente – enquanto vamos perdendo a capacidade de ser genuínas e íntimas daqueles dentro de nosso lar. A fértil dimensão do coração humano está sendo turvada à medida que os nossos limites se expandem, porém a nossa profundidade se esvai.

Depois de ressuscitado, ao aparecer para Pedro, Jesus teve um encontro visceral com o seu amigo. Três vezes Jesus indagou: "Simão, filho de João, tu me amas?" (Jo 21,15-17). Ao articular essa pergunta não uma, mas três vezes, Jesus estava convidando Pedro a se aprofundar mais e mais na sua caminhada de amor, misericórdia e perdão. Esse convite ainda nos é feito agora, a cada uma de nós.

Etty Hillesum, pensadora e escritora, morreu aos 29 anos em Auschwitz. Embora judia, sua jornada espiritual a levou a ler o Novo Testamento e a vida dos santos com grande paixão ao longo dos anos em que esteve confinada na Amsterdã ocupada, antes de ser mandada para os campos de extermínio. Seus livros, *Etty Hillesum: uma vida interrompida* e *Cartas,* refletem uma compreensão penetrante do mistério da cruz.

Hillesum escreveu: "Dentro de mim há um poço muito fundo. E lá dentro está Deus. Às vezes consigo chegar lá. Mas, com frequência, acontece de haver pedras e cascalho no poço, e aí Deus está soterrado. Então é preciso desenterrá-lo outra vez"[24].

Quais são as pedras e cascalhos que atulham o caminho de Deus no seu coração? Como você vai responder ao chamado do Senhor para entrar mais profundamente em seu amor? É fato que Deus nos atrai com as suas perguntas e nos conduz na jornada rumo a um conhecimento mais pleno. Que possamos responder-lhe com a nossa disposição de ir além da superfície para encontrá-lo.

Senhor, dê-me ouvidos para ouvir as perguntas que você faz ao meu eu mais íntimo.

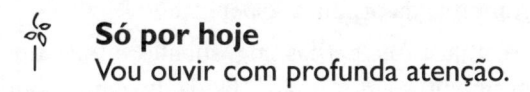 **Só por hoje**
Vou ouvir com profunda atenção.

76
A oportunidade gerada pelo sofrimento

Pois será melhor sofrer praticando o bem, se tal for a vontade de Deus, do que praticando o mal.

1Pd 3,17

A questão do sofrimento nos confronta a todas nós; não há como escapar-lhe. Se, por acaso, você ainda não sentiu na pele o peso de uma dor profunda, é provável que já tenha testemunhado o desconsolo de alguém. Sofrer é tão inerente à natureza humana quanto respirar e não podemos viver em plenitude a menos que estejamos dispostas a passar por isso. Tentar evitar o sofrimento é um dos paradoxos mais cruéis da nossa existência, pois serve apenas para aumentar a aflição.

Embora o sofrimento possa continuar sendo o maior mistério da vida, é possível encontrar um sentido para as tribulações. Na canonização de Santa Teresa Benedita da Cruz, o Papa João Paulo II afirmou: "A verdadeira mensagem do sofrimento é uma lição de amor. O amor torna o sofrimento fecundo e o sofrimento aprofunda o amor"[25]. Em Rm 5,3-4, São Paulo escreveu: "A tribulação produz a perseverança, a perseverança produz a fidelidade comprovada, e a fidelidade comprovada produz a esperança".

Injustiças, perdas angustiantes e todo tipo de padecimentos emocionais e físicos trazem embutida uma oportunidade sagrada de transformação pessoal e nos possibilitam viver de forma mais intensa e completa. Sofrer nos permite vir a encarar mágoas antigas, nos leva a correr atrás de sonhos que antes receávamos perseguir, ou nos faz buscar maior autenticidade e unidade em nossa vida. O sofrimento fala uma nova linguagem do coração e oferece uma maneira diferente de ver e de se relacionar com Deus, não só nos momentos adversos, mas além deles.

Em última instância, o sofrimento tem o potencial de nos agraciar com uma compaixão divina que nos capacita a caminhar ao lado dos outros em suas agruras. Nas palavras de Madre Teresa, "Aqueles que sofrem estão mais perto de Deus; e por Deus são beijados"[26].

Deus não exige nem descarta o nosso sofrimento. Compassivo, Ele mergulha em nossa dor e nos redime para o nosso bem e o bem de outros. Nós servimos a um Deus que estava, e está, disposto a sofrer para a salvação de nossa alma. Quando enfrentando uma fase dura, que tenhamos a certeza de que Deus não nos deixa passar pelas tempestades negras da vida em vão. Ele nos concede, também, a oportunidade de enxergar, e de nos tornar uma luz mais radiante ao fim da tribulação.

Senhor, dê-me a coragem de buscar um significado para o sofrimento ao meu redor.

Só por hoje
Vou levar conforto a uma alma que sofre.

77
Fazer além da conta

Quer façais qualquer coisa, fazei tudo para a glória de Deus.
1Cor 10,31

Numa palestra que ministrei para mulheres cristãs acometidas pela síndrome "Mulher Maravilha" – aquela de tentar ser tudo, para todo mundo, o tempo todo (soa familiar?) –, pedi-lhes que refletissem e perguntassem a si mesmas se sabiam quando estavam indo além da conta. Alguém da plateia respondeu: "Sei que estou extrapolando quando a aprovação dos outros se torna mais importante do que a aprovação de Deus".

Com esse *insight* incrível, ela não apenas definira o sintoma como enunciara a essência do problema! Procurar agradar às pessoas ao invés de agradar a Deus pode se transformar numa verdadeira armadilha para nós. Cultivar relacionamentos e buscar a harmonia encontram-se entre as qualidades atribuídas por Deus à alma feminina, portanto não é difícil para nós perceber o desagrado ou a desaprovação de terceiros. Resultado: acabamos ficando excessivamente sensíveis às opiniões alheias e procuramos compensar o fato fazendo tudo e mais um pouco para deixar os outros felizes.

Queremos ser vistas como boas e generosas. Queremos que todos sejam felizes e que concordem conosco. Na maior parte do tempo, a vida é mais agradável quando recebemos a aprovação de nossos semelhantes e não há nada de errado com isso. Porém, quando enveredamos pelo caminho ardiloso de perseguir o reconhecimento e a aceitação humanos antes daqueles que vêm de Deus, então é provável que estejamos exagerando, ainda que a causa seja justa.

A mulher que respondera à minha pergunta ponderara um pouco mais e concluíra: "Sinto-me espiritualmente menos livre quando estou sempre procurando agradar as pessoas. É a minha maneira de tentar controlar suas reações e opinião a meu respeito. Por outro lado, quando busco agradar a Deus, me sinto melhor porque sei que estou me esforçando para cumprir a sua vontade e esta é sempre a atitude certa a tomar".

A vontade de Deus não é conquistarmos a aprovação dos que nos cercam. Realizar o melhor que podemos, em qualquer situação, é *sempre* suficiente. Ter em mente que não há absolutamente nada que possamos fazer que Deus não faça melhor nos ajudará a manter o foco onde é necessário – nele.

Senhor, você conhece minhas boas intenções
e meu coração. Conduze-me no meu
desejo de buscá-lo em primeiro lugar, acima
de todas as coisas, e a colocar em perspectiva
as opiniões dos outros.

Só por hoje
Vou buscar a aprovação de Deus em primeiro lugar.

78
Nunca é tarde demais

Jesus, porém, deu-lhes esta resposta: "Meu Pai trabalha sempre, e eu também trabalho".

Jo 5,17

Deus quer que você saiba que nunca é tarde demais para Ele a transformar. Nunca é tarde demais para você aprender mais sobre Ele, para você viver mais plenamente, ou amar sem reservas. Se alguns de seus sonhos ainda não se realizaram, coragem, porque Deus continua atuando em sua vida. Ainda está em tempo de você responder ao seu chamado para uma vocação em particular, ou adotar um novo rumo.

Se você guarda arrependimentos, ou feridas profundas, ou se está rezando por alguém nestas condições, lembre-se de que o perdão de Deus desconhece leis ou limites. Restauração e cura são sempre possíveis. Ainda está em tempo de você ser modificada, porque aos olhos de Deus não existem causas perdidas. Não há pessoa ou situação sem solução, não há alma que não possa ser resgatada. Em sua carta aos Efésios, São Paulo abordou a questão: "Mas Deus, rico em misericórdia, pelo imenso amor com que nos amou, quando ainda estávamos mortos... deu-nos a vida com Cristo" (Ef 2,4-5).

De fato, em toda a Bíblia nos são apresentadas pessoas que foram salvas de situações que pareciam sem esperança, como a filha de Jairo, dada como morta, ou o possuído por um espírito demoníaco que se automutilava e vagava pelos campos falando coisas incoerentes. E também aquele paralítico que passou 38 anos sentado à beira da piscina de Betesda, e a mulher com hemorragia havia 12 anos. Quer todos estes estivessem mortos física, ou espiritualmente, o amor de Deus teve o poder de os curar e transformar.

Um antigo ditado proclama: "Enquanto há vida, há esperança". Na verdade, a mão de Deus está sobre nós, mesmo quando não sabemos. Ele está sempre trabalhando, sempre combatendo a maior arma do demônio – o desânimo. Quando desgovernado, o desânimo nascido do sarcasmo, do cinismo, da autossuficiência pode se converter em desesperança, desespero e morte espiritual. O desânimo nos engana, nos induz a pensar que o barco salva-vidas de Deus zarpou do nosso porto para não voltar jamais. Não acredite nisso! Nunca é tarde demais para receber uma nova vida em Cristo.

Senhor, ajude-me a perseverar na confiança enquanto você opera em minha vida e na vida daqueles por quem eu rezo.

Só por hoje
Vou acreditar que a mudança é possível.

79
A última palavra

Pois a Palavra de Deus é viva, eficaz e mais penetrante do que qualquer espada de dois gumes.

Hb 4,12

De acordo com uma pesquisa nacional, estamos expostas a quase 16 mil bits de informações por dia. Isso inclui as mensagens que recebemos de outras pessoas via computador, televisão, rádio e celular, além do que lemos, estudamos ou vemos a caminho do trabalho. Não podemos controlar muitas dessas imagens, que contribuem para um distúrbio moderno denominado "sobrecarga de informações". Aliás, segundo a pesquisa, aprendemos mais num único dia do que aqueles que viveram na época de Jesus em sua vida inteira!

Ainda não fazemos ideia de quais serão as consequências das informações instantâneas e da comunicação ininterrupta. No entanto, nós, pais e mães de hoje, temos uma boa noção das dificuldades que tal fenômeno está criando na vida de nossos filhos. Uma mãe confessou sentir-se "enfrentando um tsunami diário" ao procurar controlar o fluxo de informações que vem formando o caráter de seus filhos sem que eles sequer o percebam. O fato é que não podemos manter nossos filhos numa redoma, por mais tentadora que a possibilidade às vezes nos pareça. Pelo contrário, somos desafiadas a encontrar maneiras criativas de capturar a atenção deles e auxiliá-los, em última instância, a distinguir por si mesmos as informações que vale a pena reter daquelas que devem ser descartadas.

De uma coisa tenhamos certeza: quando expomos nossos filhos à verdade que conhecemos através de nossa fé e da Palavra de Deus, os "armamos" com a espada de dois gumes que corta os efeitos nocivos da falsidade e da confusão que os rodeiam. Uma das maiores habilidades que nossos filhos podem desenvolver é saber usar a Bíblia como um guia para a vida. Cabe a nós orientá-los nesse sentido desde quando bem novos. Ensinar-lhes um versículo das Escrituras pode ser um ponto de partida. As verdades eternas contidas nos textos sagrados irão sustentá-los e ajudá-los a filtrar a avalanche de informações que lhes é despejada.

Senhor, ajude-me a ensinar bem os meus filhos e a lhes mostrar o valor de sua palavra em todas as fases da vida.

Só por hoje
Vou ajudar meus filhos a memorizar um versículo da Bíblia que se aplique à sua situação de vida atual.

80
Mãe e mestra

Ela abre a boca com sabedoria, e sua língua ensina com bondade.

Pr 31,26

Henry Ward Beecher disse certa vez: "O coração da mãe é a sala de aula do filho"[27]. Chega a ser assustador quando nos damos conta de que ao nos tornarmos mães nos tornamos também professoras, quer o desejemos ou não. Nossos filhos prestam atenção em nós e aprendem conosco dia após dia. Desde o momento em que os tomamos nos braços pela primeira vez, eles nos observam e absorvem informações sobre si mesmos, o mundo e alguns dos aspectos mais importantes da vida.

É óbvio que nunca teremos todas as respostas, tampouco conseguiremos entender completamente todas as situações e desafios que nossos filhos irão enfrentar. Assim como não existem pais perfeitos, também não existem mestres perfeitos. Podemos apenas nos esforçar para estar presentes na vida de nossos filhos, para ser acessíveis e autênticas. Não há problema em admitir que não sabemos algo, porque ao fazê-lo ensinamos humildade aos nossos filhos. Não há problema em revelar um defeito que possuímos, porque ao lutar para corrigi-lo lhes ensinamos integridade e força de caráter. Mais do que tudo, nossos filhos precisam que sejamos verdadeiramente humanas.

São Francisco de Sales exortou: "Não deseje ser nada além daquilo que você é, e seja o que você é perfeitamente". Esse mesmo santo aconselhou: "Seja paciente com todas as coisas, mas em primeiro lugar com você mesmo". Ambas as pérolas de sabedoria nos inspiram em nossa dupla vocação de mãe e mestra. São palavras que nos lembram de nos tratarmos com o mesmo respeito e doce aceitação que reservamos aos nossos filhos quando os encorajamos a realizar o seu melhor sem se agoniarem em demasia com as suas imperfeições.

Sem dúvida a nossa própria mãe enfatizou que "as ações falam mais alto que as palavras". Nossos filhos sempre irão aprender mais com aquilo que fazemos (ou deixamos de fazer) do que com o que falamos. Reflita sobre as lições silenciosas que você aprendeu com sua mãe e pense sobre as lições que os seus filhos aprenderam, ou talvez estejam aprendendo, com você. Então peça ao Espírito Santo, o mestre de sua alma, para orientá-la, convicta de que o plano de aula dele é o melhor de todos!

Senhor, inunde-me com a sua graça e concede aos meus filhos (e a mim) um espírito dócil e acessível.

Só por hoje
Vou fazer uma lista das maiores lições da minha vida.

81
Um temor saudável

O temor do Senhor é a coroa da sabedoria.
Eclo 1,22

A expressão "temor de Deus" aparece mais de cem vezes nas Sagradas Escrituras. Para muita gente, trata-se de um conceito confuso. Será que somos exortadas a ter medo de Deus? Será que esse é aquele tipo de medo que gera ansiedade e vergonha, como se estivéssemos diante de um pai severo, sempre pronto a expressar desaprovação? Algumas de nós têm relutado em aceitar o amor de Deus por causa de um relacionamento tenso ou disfuncional com o pai biológico. Portanto, a instrução para temer a Deus dá a impressão de complicar ainda mais o assunto.

As Escrituras também afirmam: "No amor não há medo" (1Jo 4,18). Se é assim, como somos instadas a amar e a temer Deus simultaneamente? A resposta para tal questionamento surge com clareza no livro do Eclesiástico: "Os que temem o Senhor procuram o que lhe agrada... Os que temem o Senhor preparam seus corações" (Eclo 2,19-20). Esses esclarecimentos ajudam a ampliar a definição de temor e aprofundam a compreensão da nossa relação bilateral com Deus.

O verdadeiro temor de Deus é o reconhecimento de nossas limitações frente a soberania divina. Nós aceitamos nossas imperfeições e a onipotência divina.

Abraçamos a nossa pobreza e a providência divina. Reconhecemos o nosso lugar e reverenciamos o lugar de Deus em nossa existência. Então o nosso coração está preparado para receber o maravilhoso dom da sabedoria que flui de uma relação genuína com o Criador. Crescer em sabedoria não significa que vamos ter todas as respostas, mas sim que aprenderemos a acolher todas as nossas perguntas. A sabedoria nos permite permanecer dóceis e descansar suavemente nos braços do mistério divino.

O temor do Senhor, simplesmente, nos ajuda a resistir ao impulso de "estereotipar" Deus. É um temor saudável que neutraliza todos os nossos medos menores. Os medos menores levam à idolatria e são derivados de nossas tentativas de controlar o que não conhecemos e o que não conseguimos entender. O temor do Senhor, no sentido bíblico, irá sempre nos conduzir a uma liberdade maior e à plenitude. É um dom que expande o espírito e enche a alma de admiração e reverência pelo nosso Deus que não é apenas judicioso, mas também infinitamente amoroso e paciente.

Senhor, ajude-me a crescer em sabedoria e compreensão de quem você é.

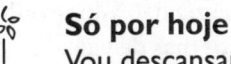 **Só por hoje**
Vou descansar suavemente no mistério de Deus.

82
Chance de amar

Que cada um dê conforme tiver decidido em seu coração.

2Cor 9,7

Durante muitos anos, minha família e eu frequentamos um restaurante pequeno chamado *Last Chance* (Última chance). Todas as sextas-feiras à noite lá estávamos nós para comer peixe, na companhia da heterogênea clientela habitual – motoristas de caminhão, famílias com crianças, motoqueiros. Nossa garçonete sempre nos recebia de braços abertos e com o especial do dia na ponta da língua. Certa noite, porém, o clima, em geral descontraído e amigável, nos pareceu diferente.

Não tardamos a descobrir o motivo. John – um dos proprietários do estabelecimento junto com sua jovem esposa Lisa – estava nos estágios finais de um tipo agressivo de câncer no cérebro e não iria sobreviver. Tão logo nos viu, Lisa caminhou até a nossa mesa, puxou uma cadeira e desabou, vencida pela exaustão e tristeza. Em meio a um turbilhão de palavras e soluços, começou a nos contar sua história. Ela só se atrevera a sair de perto do marido por ser o jantar a hora mais movimentada do restaurante. Nada mais a fazia deixá-lo sozinho naqueles que seriam os seus últimos dias de vida.

Nós a ouvimos atentamente, enquanto Lisa abria o coração mal percebendo que uma garçonete solitária ia de lá para cá, se esforçando para atender os clientes que não paravam de chegar. À medida que o tempo passava e o lugar enchia, notei que, de vez em quando, algumas pessoas se levantavam e se serviam elas mesmas de café, ou ofereciam uma xícara da bebida aos que se achavam nas mesas próximas. Também reparei que um dos clientes habituais se instalara atrás do balcão e tomara a iniciativa de preparar saladas e fatiar pães.

De repente, Lisa levantou-se e correu para a cozinha, explicando ser a única cozinheira do turno. Só então nos demos conta de que toda a clientela estivera esperando, paciente, Lisa terminar de partilhar sua dor conosco para que o serviço voltasse ao normal. E o incrível é que ela ficara em nossa mesa quase meia hora! No decorrer desse tempo, ninguém reclamara, ou fora embora. Cada um dos presentes entendera e alguns até se encarregaram de ajudar no serviço, discreta e silenciosamente, aguardando Lisa estar pronta para retomar suas obrigações.

Um grande amor é demonstrado nas coisas pequeninas que fazemos pelos outros e, com certeza, esse sentimento fora o "especial do dia" do cardápio daquela noite.

Senhor, ajude-me a amar calma e generosamente hoje.

Só por hoje
Vou estar disponível para ouvir a história de alguém.

83
A fé de uma mãe

A fé é a certeza daquilo que ainda se espera, a demonstração de realidades que não se veem.
Hb 11,1

Quando uma mãe vê o filho pequeno entrar no ônibus escolar pela primeira vez e partir para o jardim de infância, não raro seu coração é assolado por um turbilhão de emoções – orgulho, perda, tristeza, saudade, entusiasmo, alegria, medo – e um pouco de fé. Ainda que tantos sentimentos a inundem, é apenas a fé que a impede de sair correndo atrás do ônibus para arrancar o filho lá de dentro e trazê-lo de volta à segurança de seus braços. Embora não possa antecipar o que aquele dia reserva ao seu pequenino, a sua fé lhe dá a certeza de que também Deus permanecerá vigilante e que todas as esperanças e sonhos que ela acalenta para o filho o estarão aguardando do outro lado da porta fechada do ônibus escolar.

Vezes e vezes sem conta, ao longo da vida do filho, a fé de uma mãe será testada. O primeiro pulo no escuro logo se torna o primeiro dia na faculdade e no decorrer de todo esse tempo nos defrontamos com a escolha de viver pela fé, ou de viver com medo do desconhecido. Uma mãe, ao se referir ao "verdadeiro dom da fé" costuma dizer "a verdadeira coragem da fé". É um jogo de palavras que captura a essência da fé e, creio eu, faz perfeito sentido!

Ter fé significa que acreditamos a despeito das evidências físicas e dos conhecimentos coletados através dos nossos cinco sentidos. A fé às vezes parece ir contra a razão. Algumas pessoas confundem fé com mera intuição, percepção pessoal ou um sólido desejo humano. Fé não é manipulação, nem pensamento mágico. É um compromisso que assumimos na forma como abordamos todas as incógnitas e os primeiros passos em nossa vida. Ter fé significa que vivemos com os braços e o coração escancarados. A fé é, verdadeiramente, um tesouro escondido no coração de uma mãe, um dom gratuito concedido por Deus do qual nos apossamos dia após dia, à medida que confiamos na sua bondade com todas as nossas forças.

Amado Senhor, ajude-me a perseverar na fé,
mesmo quando estou com medo ou vacilante.
Ensine-me a permanecer aberta e ansiosa
para receber o dom da fé todos os dias da
minha vida.

Só por hoje
Vou me apossar do dom da fé.

84
Correr a corrida

Corramos com perseverança na competição
que nos é proposta.
Hb 12,1

Kathy, atleta talentosa que se destaca em todas as competições de que participa, não hesita quando lhe perguntam qual é a sua modalidade favorita do atletismo. "Corrida com barreiras", responde. Ao invés de um esporte que envolva distâncias mais curtas, ou pistas desimpedidas, ela prefere a corrida com obstáculos porque esta demanda não apenas velocidade, mas agilidade e resistência. E quando indagada por que não se dedica a uma modalidade menos exigente, Kathy explica que gosta de desafios porque quanto mais duro o desafio, maior a recompensa na linha de chegada.

Em se tratando da vida, todas nós enfrentamos escolha semelhante. Podemos nos aventurar pela rota mais fácil, ou apostar na mais difícil. Quando optamos, como Kathy, pelo caminho menos trilhado, o fazemos com fé, convictas de que a nossa recompensa será maior. Na linguagem espiritual, tal atitude é traduzida como tomar a nossa cruz e seguir Cristo, ou passar pela porta estreita.

Na realidade, a nossa jornada espiritual é muito similar a uma corrida com barreiras, pois requer resistência e passadas firmes para transpor os obstáculos ao longo do percurso. Assim como as barreiras constituem parte integral da corrida, cada obstáculo tem um papel importante e necessário ao nosso progresso rumo à linha de chegada, no paraíso. Ao invés de enxergar as barreiras como estorvo, Kathy afirma que são elas que a empurram para frente durante a prova. A imposição de pular cada um dos obstáculos, de fato, é um encorajamento, e não um impedimento ao seu avanço.

Da mesma forma, podemos encarar os empecilhos que surgem em nossa vida não como obstáculos destinados a nos abater, e sim como eventos, circunstâncias e desafios que nos levarão para mais perto de nosso objetivo. Com a graça de Deus, seremos capazes, a exemplo de Kathy e de São Paulo, de nos colocarmos à altura do desafio e perseverar até o fim, a despeito das barreiras com que nos depararmos.

Senhor, ajude-me a ter sempre em mente que cada obstáculo pode ser um auxílio na minha caminhada, quando eu o ofereço a você.

 Só por hoje
Vou agradecer a Deus pelos obstáculos na minha vida e procurar uma maneira de fazê--los contribuir para o meu crescimento.

85
Serenidade sob estresse

Senhor, Senhor, Rei todo-poderoso, em teu poder estão todas as coisas [...]. Agora, pois, ajuda-me, porque estou só.

Est 4,17c, bb

Nancy estava experimentando o estresse em praticamente todas as áreas de sua vida. Seu marido sofria de um problema cardíaco debilitante e a filha vinha enfrentando um divórcio difícil. Como se não bastasse, Nancy corria o risco de perder o emprego enquanto sua melhor amiga achava-se prestes a se mudar para outro estado. Qualquer um desses fatores sozinhos já bastaria para provocar uma tremenda ansiedade, mas a combinação de todos eles mostrou-se quase insuportável.

Engolfada pela crise, Nancy desabafou com uma amiga: "Estou tentando ser forte para todo mundo, porém sinto que agora não dá mais!" A amiga sugeriu que em vez de pelejar para ser forte e estoica em meio à tempestade, que se esforçasse para praticar o autocuidado, para ter compaixão e respeito pelas próprias necessidades e limitações, porque saber lidar bem com as coisas não significa, necessariamente, estar no controle o tempo inteiro. Pelo contrário, trata-se, antes de tudo, de procurar uma forma de atenuar a tensão.

Quando o estresse ameaça o nosso bem-estar, resta-nos algumas escolhas: podemos ignorá-lo, combatê-lo ou respeitá-lo.

Muitas de nós escolhem a primeira opção, entretanto não tardamos a descobrir que ignorar o estresse não o faz ir embora, apenas o sufoca, levando-o a se manifestar de outras maneiras, em geral através de alguma enfermidade. Ignorar o estresse não raro acarreta diversos danos físicos e distúrbios emocionais sem que sequer o percebamos.

Se lutamos com o estresse, corremos o risco de nos machucar, além de magoar aqueles com quem convivemos. Os efeitos da batalha irão respingar sobre os nossos relacionamentos e não haverá nenhuma solução satisfatória para ninguém. Longe de aliviar a ansiedade, essa reação serve somente para criar ainda mais estresse.

Respeitar o estresse é a nossa melhor chance de reduzir as suas consequências nocivas. Nossa força vem de parar e prestar atenção ao que está em nosso coração e às reações de nosso corpo. Autocuidado tanto pode significar tomar um banho prolongado, quanto tirar férias. O importante é que seja algo que nos alimente e acalente – um verdadeiro ato de autorrespeito.

Senhor, quando eu estiver me sentindo
dominada pela ansiedade, me ensine a
cuidar de mim, a diminuir o grau de tensão e
encontrar repouso em você.

 Só por hoje
Vou realizar um ato amoroso de
autocuidado.

86
O dom da compaixão

Se, portanto, existe algum conforto em Cristo
[...] alguma consolação e comunhão no Espírito
[...] deixemo-nos guiar pelos mesmos propósitos
e pelo mesmo amor.

Fl 2,1-2

A maioria de nós reconhece e aceita as limitações alheias. Em geral não costumamos esmiuçar os defeitos das pessoas e tendemos a ser compassivas e compreensivas quando vemos alguém enfrentando um problema pessoal, ou provação. Como mães, nos mostramos particularmente sensíveis em relação aos nossos filhos e, longe de condená-los quando fracassam, os encorajamos a recomeçar e até mesmo saboreamos aqueles momentos de aprendizado. Entendemos que os seus erros são uma parte necessária do amadurecimento e a ternura nos invade quando os ajudamos no processo de curar seu orgulho ferido.

Se conseguimos expressar essa amorosa aceitação dos outros, por que, então, somos tão duras conosco mesmas? Estamos preparadas para abraçar as nossas falhas e imperfeições com um espírito de mansidão e compaixão?

A palavra compaixão significa "sofrer com" e é tão importante ser capaz de suportar as nossas próprias fraquezas quanto é se compadecer do próximo. Santa Teresa de Lisieux compreendeu profundamente tal conceito e aconselhou à irmã, numa carta: "Se você estiver disposta a suportar com serenidade a provação de ser desagradável a si mesma, então você será uma doce morada para Jesus"[28].

Quando estamos dispostas a sofrer com o nosso eu imperfeito, oferecemos um coração humilde a Jesus e criamos um lugar onde Ele pode revelar seu amor e misericórdia livre e plenamente. Pessoas "perfeitas" não têm nenhuma necessidade de Jesus; não há espaço para Ele em seus corações. De fato, não raro é através de nossas derrotas e fragilidades – e não através de nossos sucessos – que Deus se aproxima mais de nós, e nós dele.

Assim, podemos confiar em Deus o bastante para partilhar nossos erros e defeitos, nossas lutas e reveses. A delicadeza que oferecemos aos outros é uma dádiva que podemos ofertar a nós mesmas. Nós servimos a um Deus misericordioso. Quando tropeçamos e caímos, Ele está ali, para nos ajudar a ficar de pé outra vez.

Cada uma de nós pode olhar para si mesma com compaixão, ou condenação. Qual será a sua escolha?

Senhor, peço-lhe para me conceder o dom da sua compaixão e misericórdia para que eu possa oferecê-lo aos outros e a mim também.

 Só por hoje
Vou estar atenta à maneira como sou dura e crítica comigo mesma e me ofertar a dádiva da compaixão.

87
Sabedoria passada adiante

O princípio da sabedoria é o mais sincero desejo da instrução.

Sb 6,17

A visita de Maria a Isabel, logo após a Anunciação, em geral é entendida como uma missão para ajudar sua parenta idosa, prestes a dar à luz João Batista. Entretanto, a situação mais provável é que aquela tenha sido a oportunidade de Isabel passar adiante, para a prima mais jovem, a sabedoria que os anos lhe haviam concedido – uma prática de compartilhamento que atravessa a história da humanidade.

As mulheres, de maneira particular, costumam ser as guardiãs da memória da família. Elas colecionam fotografias, fazem álbuns de recortes, registram a história do clã. Estão sempre prontas para dividir suas lembranças e experiências pessoais, passando adiante, de geração em geração, o conhecimento acumulado e as tradições familiares. Nossas mães, avós e bisavós possuem uma sabedoria e uma sagacidade tal, que, se partilhadas conosco, nos ajudam a educar nossos filhos e a influenciar o mundo de hoje e o do futuro.

As Sagradas Escrituras nos levam a refletir sobre a o valor da convivência com idosos. Diz o livro do Eclesiástico: "Que belo é para os cabelos brancos saber julgar e, para os anciãos, conhecer o conselho! Que bela é nos velhos a Sabedoria... Coroa dos anciãos é a experiência consumada e a sua glória é o temor de Deus" (Eclo 25,6-8).

Nós devemos muito às mulheres, e aos homens, que nos antecederam. Eles têm testemunhado mais mudanças no mundo do que quaisquer gerações anteriores. Se você ainda não o fez, procure contato com os mais velhos – seja alguém da sua família, ou pertencente à sua igreja ou comunidade – e peça-lhes para compartilhar o manancial de suas experiências de vida. Talvez você possa criar um Círculo da Sabedoria na sua paróquia, ou no bairro, oferecendo aos idosos uma oportunidade de contar suas histórias e falar das lições que a vida lhes ensinou para as gerações mais novas. A sabedoria deles vai enriquecer você e ajudá-la a se tornar uma pessoa melhor – e o mesmo acontecerá com os seus filhos, e os filhos de seus filhos.

Senhor, eu prezo a sua sabedoria. Conduze--me aos mestres de que preciso aqui na terra para que eu possa aprender com a experiência de vida deles e me tornar mais sábia.

Só por hoje
Vou me aproximar de um idoso e ouvir o que ele tem a me contar.

88
E se...

O que nasceu do Espírito é espírito [...]. O
vento sopra onde quer [...] mas não sabes de
onde vem, nem para onde vai. Assim é também
todo aquele que nasceu do Espírito.

Jo 3,6-8

Art Linkletter, personalidade do rádio e da TV, costumava dizer que "as crianças falam as coisas mais danadas". As crianças também fazem algumas das perguntas mais profundas! Elas parecem ter uma pureza de espírito que nós, adultas, perdemos há muito tempo. Sammy, na altura de seus 8 anos, saiu-se com esta: "E se todo mundo, no mundo inteiro, risse ao mesmo tempo? Qual seria o som?" Boa pergunta! Sammy não estava tentando filosofar, apenas imaginando como seria se tal coisa acontecesse.

Perguntas com "E se" vêm carregadas de potencial e são capazes de nos arrastar numa aventura maravilhosa no reino da imaginação e das possibilidades. Quando abrimos mão de nossa capacidade espiritual de questionar, ou quando nossa vida se resume ao anseio de perseguir todas as respostas, algo especial e importante da nossa jornada terrena se esvai. "E se..." abre novas portas de oportunidades e nos libera para explorar além do que supomos conhecer. Aliás, talvez tenha até sido se indagando "E se..." que o próprio Deus desencadeou toda a criação do universo e de cada alma que o habita desde então!

Nós, adultas, acabamos presas num emaranhado de "E se..." de ordem prática: E se eu não for à reunião familiar? E se meu chefe descobrir que nem comecei aquele relatório? Porém, quase nunca avançamos para a esfera do mistério porque acreditamos saber como vai terminar. Nossos questionamentos são mais uma combinação de pensamento ilusório e resignação do que uma busca divertida do desconhecido. Mas não é preciso ser assim. Em algum lugar, dentro de nós, ainda respira uma criança fascinada pelos mistérios da vida.

Aventuras iniciadas com "E se" têm desenvolvido vacinas para curar milhões e levado o homem à lua; têm inspirado movimentos de mudança (para melhor e pior), e constituído o primeiro passo para a realização de sonhos há muito acalentados. O Espírito de Deus está em todas nós, portanto cada uma de nós tem a capacidade de dar asas à imaginação. Você se faz alguma pergunta pessoal com "E se?" De quais esperanças, sonhos e divagações mentais você deseja correr atrás? E se você pudesse?

Oh, Senhor, envie-me seu Espírito Santo para me inspirar e restaurar minha imaginação.

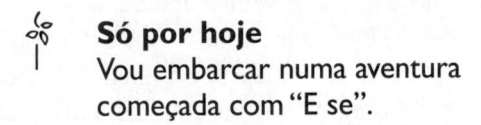

Só por hoje
Vou embarcar numa aventura começada com "E se".

89
Desígnio e alegria

Na verdade, é Deus que produz em vós tanto o
querer como o fazer, conforme o seu agrado.
Fl 2,13

Nosso coração abriga dois belos tesouros entrelaça-
dos: desígnio e alegria. Nossa maior alegria surge quando nos expressamos através do desabrochar de nosso
desígnio. E nosso desígnio quase sempre deriva de vivermos "abertas para a alegria".

Muitas pessoas passam boa parte de seus anos
correndo atrás de um objetivo, como se este estivesse
muito além dos limites de sua realidade pessoal. Entretanto, a busca de um sentido para a própria vida às
vezes acaba nos distanciando exatamente do verdadeiro
propósito para o qual fomos criadas. O Cardeal John
Henry Newman exprimiu sua convicção de que Deus
tem um projeto para cada um de seus filhos numa linda
oração: "Deus me criou para servi-lo de uma maneira
específica. Ele me chamou para realizar uma obra que
ninguém mais pode realizar. Tenho uma missão... Ele
não me criou para nada"[29].

O fato é que se vivemos apoiadas na fé e na confiança de que Deus age em nosso dia a dia, somos livres
para experimentar a alegria e as bênçãos decorrentes
de aceitarmos a nossa situação atual, independente de
qual seja. Se você é esposa e mãe, então tenha certeza

de estar cumprindo o seu desígnio. Se você é solteira e profissional de carreira, saiba que está cumprindo o seu desígnio. Se você é viúva e aposentada, o seu desígnio está sendo cumprido.

Isso não quer dizer que não teremos mais anseios, ou sonhos a realizar. Ou que não seremos mais impelidas por aquela inquietude interior que nos faz buscar um significado maior para a nossa existência. Podemos oferecer tais aspirações ao Senhor e pedir-lhe que guie os nossos passos. Quando estamos abertas à alegria – prontas para saboreá-la em quaisquer de suas formas – e dispostas a usar os talentos que Deus nos deu para servi-lo, podemos estar seguras de que Ele nos conduzirá ao projeto de vida que preparou para nós. A prece do Cardeal Newman prossegue assim: "Vou confiar nele em qualquer situação, e esteja eu onde estiver. Sei que jamais serei descartado". Em outras palavras, nunca é tarde demais para descobrir o tesouro do desígnio e da alegria que Deus oferece a nós aqui e agora, e no seu reino que há de vir.

Pai Santo, sou grata por minha vida e pelos seus desígnios. Que eu receba a sua alegria através da "obra" da minha alma e da minha vida.

❧ Só por hoje
Vou estar aberta à alegria.

90
Nas mãos de Deus

*Sabemos que tudo contribui para o bem
daqueles que amam a Deus.*

Rm 8,28

Há mais de três anos Martha rezava para que suas duas filhas adultas superassem o desentendimento entre ambas, pois a família inteira estava desmoronando. Na sua ânsia de reconciliá-las, tentara tudo, de cartas suplicantes a festas familiares em que não medira gastos. Nada, porém, funcionara. Na verdade, seus esforços só pareciam piorar o caso. Partia-lhe o coração ver a divisão e o conflito envenenar sua família, uma vez que os outros irmãos estavam "tomando partido" na disputa.

Por fim Martha atirou as mãos para o alto num gesto de oração (não de desespero) e submissão, e entregou a situação a Deus. Algumas pessoas poderiam dizer que ela desistiu; outras, que cedeu; entretanto, entregar qualquer situação a Deus não significa desistir, nem ceder. Resignação e entrega não são a mesma coisa. Resignação implica pesar, mas quem se entrega o faz com confiança.

A verdade é que, quando Martha saiu do meio da desavença entre as filhas, Deus teve espaço para intervir. Pouco antes do Advento, Martha recebeu um telefonema da filha – que morava em outra cidade – avisando que passaria o Natal em casa. Pela primeira vez em três anos toda a família se reuniria naquela data. Seria a resposta às suas preces?

Martha precisou muito da graça divina e de uma disciplina espiritual tremenda para se conter e deixar que os dias transcorressem naturalmente. Ela confiou no Senhor, embora não estivesse tão segura da capacidade de sua família de manter um clima de paz. Ainda assim, depositou sua esperança nas mãos de Deus e, no decorrer do feriado de Natal, testemunhou uma bela cura espiritual e emocional acontecer entre suas filhas. Com o tempo, a convivência de todos os membros da família foi restaurada.

Martha pôde, enfim, celebrar a dádiva de sua família e regozijar-se com a fidelidade de Deus. Ao refletir sobre a experiência, analisou: "Deus estava presente em cada momento!" Aquela revelou-se mais uma oportunidade de acolher o que está escrito em Rm 8,28 e reivindicá-lo para si.

Senhor, eu louvo sua fidelidade e sua graça, que me permitem entregar minha vida em suas mãos.

Só por hoje
Vou entregar um problema ou uma provação ao Senhor, na esperança de que tudo contribuirá para o bem.

91
Ser ou não ser perfeita

Sede, portanto, perfeitos como o vosso Pai celeste é perfeito.

Mt 5,48

Quem se dedica à composição literária conhece um exercício que consiste em deixar um equívoco ou incorreção detectados no manuscrito por uma semana antes de esboçar qualquer tentativa de corrigi-los. Todos os dias, o escritor deve ler o texto atento ao seu grau interno de intolerância ao erro. É enlouquecedor, para a maioria das pessoas, conservar qualquer falha durante sete dias. Mas esse é o "x" da questão!

O objetivo do exercício é confrontar o perfeccionismo e aquela vozinha interior crítica, nossa velha conhecida; é ensinar o escritor a se sentir confortável com o que é, ao invés de com o que deveria ser. A lição de aceitação dos nossos erros nos ajuda a colocá-los em perspectiva e a contrabalançá-los com as nossas proezas. Parece-nos um bom exercício para a vida, não?

Aliás, na Grécia antiga, os artesãos deixavam, propositadamente, algumas imperfeições em suas obras para que não fossem tidos como arrogantes pelos deuses. Para os artífices, as imperfeições não eram apenas aceitáveis, mas esperadas, pois funcionavam como uma espécie de garantia de que não estavam competindo com as divindades. Embora os costumes da Grécia antiga talvez nos soem primitivos, há uma certa sabedoria embutida em seus critérios.

Aristóteles foi o primeiro a definir "perfeição", à qual atribuiu três significados inter-relacionados: ser completo, ser tão bom que nada do mesmo tipo poderia ser melhor, e alcançar sua razão de existir. Tais definições ilustram a insensatez de tentar atingir a perfeição sem Jesus. Apenas através de sua vida, morte e ressurreição somos capazes de alcançar nossa razão de existir. Só podemos ser consideradas boas por intermédio da bondade de Jesus.

Quando as Sagradas Escrituras nos exortam a "ser perfeitas", a frase tem pouco a ver com o nosso desempenho, ou conquistas pessoais – na verdade é um chamado para sermos completas em e por Cristo. Assim, na próxima vez em que você estiver se afligindo por causa de algum fracasso lembre-se das palavras de Santa Teresa de Lisieux: "Eu aprendi muito depressa... que, quanto mais alguém avança, mais percebe o quanto sua meta ainda está distante. E agora simplesmente me resignei a me ver sempre como imperfeita e nisto encontro minha alegria"[30]. A exemplo de Santa Teresa de Lisieux, você pode acolher os seus erros como parte do projeto perfeito de Deus para você!

Senhor, obrigada por seu amor perfeito, que me completa!

Só por hoje
Vou tolerar, deliberadamente, um erro (meu, ou de outra pessoa), e refletir sobre essa experiência.

92
Deixar sair o amor

Se Deus nos amou assim, nós também devemos
amar-nos uns aos outros. Ninguém jamais
viu a Deus. Se nos amamos uns aos outros,
Deus permanece em nós e seu amor em nós é
plenamente realizado.

1Jo 4,11-12

Alguma vez você já contemplou a visão magnífica de raios de sol irrompendo por entre nuvens negras de tempestade? Os feixes de luz se derramam como se o próprio esplendor do céu brilhasse sobre nós. Parecem os dedos de Deus se estendendo, compassivos, para abraçar a humanidade. Uma criança descreveu essa bela visão como o jeito de "Deus deixar o amor sair do céu".

Que imagem maravilhosa! Também poderíamos dizer que ao abrir o sacrário para trazer Jesus até nós na Eucaristia, o sacerdote está deixando o amor de Deus sair. É quando o céu beija a terra, quando – de um modo misterioso – vemos e sentimos o nosso Senhor aqui na terra. Quando permitimos que o amor de Deus se infiltre e sature a nossa alma através da nossa comunhão com Ele, nos é incutida uma graça sobrenatural que nos concede força e sabedoria para deixar fluir o amor de nosso coração, um amor que irá tocar e curar os outros.

O amor de Deus é capaz de penetrar nossas densas nuvens interiores, mesmo quando não nos sentimos muito afetuosas, ou quando estamos inseguras quanto à nossa capacidade de amar. O falecido Papa João Paulo II, escreveu: "Quem verdadeiramente encontrou Cristo, não pode guardá-lo para si... Cristo deve ser apresentado a todas as pessoas com confiança"[31].

De quais maneiras você está sendo chamada a apresentar Cristo aos outros? O que a está detendo? Falta-lhe confiança? Muitas resistem em anunciar Cristo por se sentirem incompetentes, ou indignas. São preocupações válidas, sim. Entretanto, apresentar Cristo aos outros não exige nenhum diploma em teologia. As pessoas só precisam ouvir como Cristo tem tocado você. As pessoas só precisam ter restaurada a certeza de que Deus é amor e que não está distante. Você pode levá-las para mais perto do amor de Deus simplesmente contando-lhes sua história, de como Jesus a tem amado.

Pai Celeste, mostre-me o caminho para deixar o seu amor fluir do meu coração e tocar os outros.

 Só por hoje
Vou estar aberta à oportunidade de falar com alguém sobre o amor de Deus.

93
Descer do carrossel da culpa

É Ele também que vos confirmará em vosso
procedimento irrepreensível até o fim, até o dia
de Nosso Senhor Jesus Cristo.
1Cor 1,8

Muitas mulheres dizem se sentir aprisionadas num estado permanente de culpa. A culpa se insinua na alma daquelas que trabalham fora porque não estão em casa para criar os filhos de perto. Quanto às que se dedicam apenas ao lar, não raro a culpa fomenta uma sensação de incapacidade ou insegurança caso a renda familiar seja apertada, ou quando há pressão de terceiros para que usem seus talentos de forma a contribuir para o desenvolvimento da sociedade "em geral". Já as mulheres que estão tentando fazer tudo bem-feito, a culpa as atinge de todos os lados quando se julgam aquém do esperado no desempenho dos papéis que lhe são atribuídos.

Embora talvez nos pareça uma situação sem saída, *podemos* descer do carrossel da culpa agora mesmo! Somos capazes disso se acreditamos que o Senhor honra os nossos esforços para cumprir deveres e reconhece os nossos sacrifícios diários. A chave para o equilíbrio mental e bem-estar espiritual consiste em buscar a harmonia para a nossa vida levando em consideração todas as obrigações que nos cabem e respeitando o nosso empenho para priorizá-las.

As mulheres de fé sofrem as mesmas pressões e enfrentam os mesmos problemas, fracassos e medos comuns a todas as mulheres. Ainda assim, cremos que com Deus ao nosso lado conseguiremos lidar com tudo o que surgir em nosso caminho com decoro e em paz. O fato é que as mulheres cristãs, como quaisquer outras, são demitidas, ficam deprimidas, passam por divórcio, se enraivecem, e demonstram possuir todas as fragilidades inerentes ao ser humano. Então por que estabelecemos padrões inalcançáveis e nos agarramos a expectativas irreais para nós mesmas? Quando daremos um basta?

A culpa nunca é um bom fator motivacional quando excessiva e alimentada por comparações com nossos pares. Na verdade, pode provocar um estrago interior significativo se não for controlada. A culpa "boa", autêntica e saudável nos leva a agir rapidamente rumo à redenção, não à condenação. A culpa positiva é como uma cutucada suave e não como uma porretada incessante na nossa consciência.

É uma bênção perceber a diferença e é importante nos libertarmos da culpa que nos mantém escravizadas. Se você tem permitido que a culpa malresolvida a defina como pessoa e determine a direção da sua vida, é hora de descer desse carrossel e começar a viver com os pés fincados na graça infinita de Deus.

Senhor, liberte-me da escravidão da culpa desnecessária.

 Só por hoje
Vou oferecer o perdão a mim mesma e buscar a cura da culpa malresolvida.

94
Raízes da rejeição

E eu nunca rejeitarei aquele que vem a mim.
Jo 6,37

Uma experiência de rejeição precoce pode ter um efeito considerável sobre a história da nossa vida. Quer seja real ou imaginária, vivenciada através do abandono ou da morte, essa rejeição irá matizar a maneira como vemos o mundo, nos relacionamos com os outros e enxergamos a nós mesmas. Se arraigadas em nosso coração, as raízes da rejeição minam o amadurecimento emocional e a liberdade espiritual.

E ainda que na idade adulta aprendamos a lidar com a inevitabilidade da rejeição, aquela experiência inicial não perde a capacidade de nos ferir fundo e nos aprisionar. Até que consigamos enfrentar a dor original da traição e transportá-la, com suavidade, para o presente, essa mágoa acabará restringindo nosso dom de dar e receber amor.

Através do auxílio de diretores espirituais, amizades sinceras, e da presença de Cristo na Eucaristia e no Sacramento da Reconciliação, o Espírito Santo arranca as raízes da rejeição que às vezes, de tão profundas, sequer temos consciência de sua existência. Porém, quando nos comprometemos a trilhar o caminho que irá nos livrar desses medos, não mais precisaremos buscar fora de nós a afirmação, ou a confirmação de nossa própria verdade e o valor que nos é inerente. Pelo contrário, passamos a perceber e a prestar atenção à nossa voz interior e a nos reconhecer no espelho de nossa alma. E quando olharmos ali, veremos a Deus e finalmente aceitaremos a fidelidade de seu amor ilimitado por nós.

Não raro estamos tão ansiosas para descobrir a vontade de Deus para a nossa vida que nos tornamos impacientes conosco mesmas. Como um jardineiro inexperiente, ávido para se livrar de uma erva daninha resistente, costumamos querer extrair o que nos atormenta de uma puxada só. Até temos a impressão de havermos nos livrado da tal erva daninha; mas grande parte da raiz conservou-se enterrada e assim a sua influência sobre nós permanece forte – embora oculta. Quando menos esperamos, a erva daninha resurge para nos torturar. Entretanto Deus, na sua infinita sabedoria, sabe que o solo deve ser preparado para que seja possível extirpar por completo as raízes mais profundas. Deus quer que desfrutemos de uma liberdade espiritual plena, todavia não precipita o processo de nos ajudar a alcançá-la. De uma coisa podemos ter certeza: Ele não vai parar de repente; continuará atuando para que a nossa transformação seja completa à medida que desata as amarras das nossas raízes de rejeição, um dia de cada vez.

Oh, Senhor, confio em você e sei que juntos curamos as raízes da minha dor.

Só por hoje
Vou celebrar os passos que dei na direção da autoaceitação.

95
Saber receber

Aproximemo-nos, então, seguros e confiantes,
do trono da graça, para conseguirmos
misericórdia e alcançarmos a graça do auxílio
no momento oportuno.

Hb 4,16

Em 1Jo 4,19 lemos: "Nós amamos, porque Ele nos amou primeiro". Portanto, não podemos amar sem permitir que Deus nos ame primeiro. Isso significa que precisamos nos sentir tão confortáveis no ato de receber quanto no de oferecer. Porém, não é o que acontece sempre. Não raro relutamos em pedir ajuda e preferimos atender às necessidades alheias do que nos entregarmos aos cuidados de alguém. Na verdade, todo o nosso crescimento espiritual depende da nossa disposição de acolher o amor, a bondade e a graça de Deus, dos quais muito nos chega por intermédio dos outros.

Sabemos receber quando somos humildes, acessíveis e receptivas aos gestos caridosos e compassivos de terceiros. Quando aceitamos, de bom grado, as dádivas que as pessoas compartilham conosco sem nos opor, ou nos autodenegrir. Quando vamos pondo de lado as nossas noções de autossuficiência e reconhecemos as fragilidades que são comuns a todas nós. Fingir que não precisamos de ninguém é uma projeção dolorosa da nossa desagregação interior e nos impede de manter a relação íntima que Deus deseja ter conosco. Perdemos demasiado da vida de Cristo quando interrompemos a ação de sua graça e misericórdia que flui através dos que cruzam o nosso caminho.

Janice passou por uma fase bastante difícil. Sofreu um trauma e a enfermidade a deixou totalmente dependente. Ao voltar do hospital para casa, ainda sem condições de retomar sua rotina normal, recorreu às amigas. Estas, tão logo ficaram a par de sua situação, se organizaram a fim de cercá-la de cuidados pessoais e de ordem prática durante sua convalescença até a sua plena recuperação.

Naquele seu momento de carência extrema, Janice aprendeu duas lições de valor: compreendeu que cabia-lhe dar o primeiro passo solicitando ajuda e sendo específica sobre suas necessidades; e percebeu que ao saber receber as dádivas que as pessoas lhe ofereciam, também lhes ofertava algo importante em troca. Assim, aquele período duro de sua vida se transformou numa oportunidade de vivenciar uma graça especial e de ter confiança na bondade de Deus que se revela a nós através dos outros.

Senhor, ajude-me a aceitar ajuda e a saber receber nos meus momentos de necessidade.

Só por hoje
Vou me "aproximar do trono da graça" corajosamente através do reconhecimento de uma necessidade específica.

96
Fazer a nossa parte

Sede firmes, inabaláveis, progredindo sempre na obra do Senhor, certos de que vossas fadigas não são em vão, no Senhor.

1Cor 15,58

Credita-se a Santo Inácio de Loyola – partícipe da comunhão dos santos –, a frase: "Age como se tudo dependesse só de ti, mas reze como se tudo dependesse só de Deus". Em outras palavras, somos chamadas a ser dinâmicas e diligentes como membros do corpo místico de Cristo. Temos que resistir à tentação de cruzar os braços achando que Deus se encarregará de tudo. Em vez disso, podemos nos engajar em ações produtivas e significativas que visem o bem comum – porém nos lembrando de que não merecemos todo o crédito por nossas conquistas.

Na vida, encontraremos pessoas angustiadas, desvalidas e desesperadas. Nós também vamos enfrentar sofrimentos e ser desafiadas a decidir como reagir. Será que iremos atuar na direção da cura? Será que tomaremos a iniciativa de procurar nossos mentores, ou nos disporemos assumir tal papel quando necessário? Será que seremos trabalhadoras para Cristo no campo das almas?

Não há nada passivo numa vida de fé em Cristo. Podemos confiar plenamente no Senhor e ainda assim agir para operar mudanças positivas e descobrir soluções melhores para os problemas que nos afligem. O esperado é que cooperemos com Deus e utilizemos cada um dos talentos que Ele nos concede para "lançar nossas redes em águas profundas". Isso requer esforço, em especial quando não temos ideia de quais serão os resultados.

Se desejamos aprimorar alguma habilidade, é nosso dever buscar um mestre. Se precisamos aguçar a nossa percepção, é responsabilidade nossa correr atrás de aconselhamento apropriado. Se o nosso casamento está em crise, ou os nossos filhos marchando para o rumo errado, cabe-nos desempenhar a nossa parte para reparar os danos ou obter auxílio ao longo da caminhada. Então conseguiremos seguir em frente com a consciência em paz, sabendo que não "enterramos nossos talentos", ou presumimos que os problemas se resolveriam sozinhos, deixando a cargo de Deus o que somos chamadas a realizar em seu nome.

Senhor, concede-me a graça de agir diante das muitas circunstâncias difíceis.

 Só por hoje
Vou tomar medidas para lidar com alguma questão problemática da minha vida.

97
Sob os cuidados de Deus

Vê que escrevi teu nome na palma de minha mão, tenho sempre tuas muralhas diante dos olhos.

Is 49,16

O que significa ter o nome entalhado nas mãos de Deus? Significa que somos conhecidas e compreendidas no nosso âmago, que os nossos anseios mais profundos têm importância para o Senhor. Significa que somos escolhidas, queridas e que jamais estamos, de fato, sozinhas porque Deus não se esquece de quem somos. Significa que estamos sempre sob seus cuidados com a promessa de que Ele irá nos completar na plenitude dos tempos.

Ter o nome entalhado nas mãos de Deus significa que não podemos ser abandonadas, ignoradas, ou descartadas. Não precisamos competir pela atenção de Deus, ou representar para sermos aceitas. Estamos mergulhadas em seu abraço eterno.

As mãos de Deus nos amparam com firmeza e assim nunca nos perdemos realmente. Estamos ancoradas, conectadas, diante dele todo o tempo. Assim como diante dele estão as nossas paredes – aquelas paredes grossas, impenetráveis, que nos impedem de saber verdadeiramente o quanto somos amadas, paredes que construímos com os tijolos da traição, rejeição e da dor de crescer e perder a inocência.

Mas Deus nos quer do jeito que somos. Ele nos acalenta na sua misericórdia e nos carrega junto de seu coração.

Impossível desencorajar o amor de Deus com os nossos pecados. Ele permanece inabalável. Mesmo em nossos tropeços, nos estende suas mãos amorosas para curar nossas feridas e nos ajudar a transpor a muralha que nos separa da liberdade de sua graça.

Deus quer que saibamos que Ele está perto de nós e que não há nada capaz de nos separar. Ele nos resguarda como uma mãe ao seu filho pequeno, segura a nossa vida em suas mãos porque lhe somos caras, preciosas. Sua ternura é absoluta e, no entanto, Ele pode pôr abaixo as barreiras que erguemos com um amor avassalador e ruidoso. Com um mero sussurro também nos faz inteiras.

Deus é constante e sua força se intensifica na nossa fraqueza. Somos pequeninas em suas mãos e estamos protegidas em seu amor. Não há nada mais belo, porque para Deus somos o seu deleite, o seu tesouro amado.

Conserve-me, Senhor, sob seus cuidados amorosos, porque "inquieto está o meu coração enquanto não repousar em ti".
Santo Agostinho

Só por hoje
Vou repousar no abraço amoroso de Deus.

98
Louvar agora

Dai graças, em toda e qualquer situação,
porque esta é a vontade de Deus, no Cristo
Jesus, a vosso respeito.

1Ts 5,18

Faz parte de nossa natureza humana protelar o momento de louvar a Deus até pensarmos ter uma razão para isso: estamos bem, ou alcançamos a graça que havíamos pedido, ou as coisas estão caminhando do nosso jeito. O que não conseguimos entender é que existe sempre um bom motivo para louvar a Deus agora, neste exato momento, independente de como nos sentimos, ou do que está acontecendo em nossa vida.

O louvor é tanto uma arma espiritual quanto uma ferramenta eficiente para utilizarmos em toda e qualquer circunstância. É a energia que mantém a bondade de Deus e sua graça fluindo em nossa vida. O louvor se infiltra nos poderes das trevas que trabalham contra nós e nos protege de suas amarras. É um escudo contra o desespero e a dúvida.

Diz a Primeira Carta aos Tessalonicenses: "Não apagueis o espírito [...] e guardai o que for bom" (Ts 5,19.21). Através de nossos atos de louvor, nos abrimos à ação do Espírito Santo em nosso interior e por intermédio de nós para os outros. Quando o nosso louvor é fundamentado na fé de que Deus deseja apenas o bem mais elevado para nós, desencadeamos uma força que tem a capacidade de superar qualquer problema, situação ou conjuntura.

Muitas pessoas debatem-se com a ideia de louvar a Deus quando não se sentem inclinadas a fazê-lo. Angustiadas, perguntam-se: Como posso louvar a Deus quando estou tão desesperançada (ou revoltada, ou abandonada)? Entretanto, louvar a Deus em todas as circunstâncias não significa que deixamos de ficar tristes, ou preocupadas. Tampouco é um meio de manipular Deus para que Ele realize o que queremos. Todavia, quando aprendemos a louvar em qualquer situação e essa atitude se torna habitual em nossa vida de oração, experimentaremos uma grande alegria e um sentimento de conquista – a despeito de nossos problemas. O falecido Papa João Paulo II considerava São Maximiliano Kolbe – martirizado em Auschwitz – o "santo padroeiro desse nosso século difícil". Kolbe observou que "O veneno mais mortal de nosso tempo é a indiferença; [...] o louvor a Deus não deve conhecer limites. Vamos nos empenhar, portanto, em louvá-lo na medida da extensão de nossas forças"[32]. Que nós o louvemos *agora*!

Senhor, você é digno do meu louvor!
Eu o louvo com todo o meu coração e com
toda a minha alma.

Só por hoje
Vou louvar a Deus em todas as circunstâncias e registrar o impacto que essa atitude tem sobre minha vida.

99
Hospitalidade compassiva

*Não descuideis da hospitalidade; pois, graças a
ela, alguns hospedaram anjos sem o perceber.*
Hb 13,2

Joanne se lembra bem da visita que fizera a uma
conhecida, dez anos atrás. Embora já não se recorde o
que as duas conversaram naquela manhã, à mesa da cozinha, jamais se esqueceu da cálida sensação de acon-
chego e aceitação experimentada. Logo depois, Joanne
perdeu por completo o contato com a sua anfitriã. Entretanto, a lembrança da hospitalidade que lhe fora oferecida ainda aquece o seu coração.

Esse encontro é um exemplo do que é receber a dádiva da hospitalidade. A hospitalidade é, na realidade,
um dom espiritual que se manifesta na profunda identi-
ficação e afinidade com aqueles que acolhemos em nossa
casa. É algo que vai além de saber receber, mas que aden-
tra a esfera da conexão e comunhão de almas. Não se
trata de ter uma casa perfeita, ou de servir uma comida
perfeita. Trata-se de ser mais "Maria" e menos "Marta".

Em Hb 13,3, a hospitalidade é vinculada à empatia
e à memória: "Lembrai-vos dos presos, como se esti-
vésseis presos com eles, e dos que são maltratados, pois
também vós tendes um corpo!" Num nível mais profundo, hospitalidade é "calçar os sapatos do outro" e se
dispor a estar verdadeiramente atenta àquela pessoa.

Na nossa vida diária, oferecemos hospitalidade quando, ao perceber as carências de alguém, nos esforçamos para abrir a nossa casa e o nosso coração para recebê-lo com generosidade. Oferecemos hospitalidade quando criamos um refúgio de paz para quem o necessita, fazendo-o se sentir de fato bem-vindo e lhe ofertando o presente do nosso tempo e da nossa presença integral. Desse modo, a hospitalidade se converte numa dádiva de 24 horas, sete dias por semana, pois haverá sempre espaço no abrigo de nosso coração para os que estão em busca de aceitação, de um sentimento de pertença e do amor genuíno.

*Senhor, rezo para que me seja concedido
o dom da hospitalidade, que me permita
oferecer um acolhimento amoroso aos outros.*

 Só por hoje
Meu coração estará aberto para receber alguém hoje.

100
Aceitar o desafio

O Senhor completará para mim a sua obra.
Senhor, tua bondade dura para sempre.

Sl 138,8

Não é fácil ser mulher nos dias de hoje, aliás, nunca foi fácil mesmo. Sempre existirão ameaças para nos solapar insidiosamente, desde as pequenas distrações do dia a dia até as artimanhas de satanás. É indiscutível que enfrentamos muitos adversários, reais e de peso, que gostariam de varrer a influência da índole feminina da face da terra. O próprio demônio declarou que assim seria. Por que isso acontece?

As mulheres estão sob ataque permanente porque nos foi concedido o privilégio de dar à luz uma nova vida. Somos as condutoras da promessa e esperança perenes de Deus para o mundo. Trazemos dentro de nós o altar da vida de Deus, o potencial de seu amor e a criatividade contínua de seu Espírito. Portanto, não é de se admirar que subsistam forças para nos destruir.

Sem querer apelar para o drama, devemos refletir sobre o poder e a responsabilidade decorrentes de tão fantástico privilégio. Devemos enxergar nossa vida e nossa influência para além do que havíamos imaginado antes. Devemos nos preparar para aceitar o desafio que o Senhor tem colocado a nossa frente.

O fato é que, sendo mulheres, precisamos que a coragem, o autoconhecimento e o amor inabalável criem raízes dentro de nós. Acima de tudo, precisamos de um sentido de missão. Embora sejamos chamadas coletivamente, cada uma de nós deixará uma marca única sobre a terra. Nossa fortaleza vem do reconhecimento e da aceitação de nossa própria dignidade, inerente aos olhos de Deus.

Quando prestamos, cuidadosamente, atenção à voz de Deus ecoando em nossa alma, percebemos que não mais necessitamos olhar para fora em busca de afirmação e completude. Em nosso interior jorra uma fonte de sabedoria que nos basta. As lições que aprendemos são nossas próprias, no entanto somos convidadas a colocá-las em prática para transformar o mundo. Temos tantas coisas a oferecer, mas não podemos nos esquecer nunca de que a maior de todas é o amor.

Senhor, toque-me com a sua graça; deixe que a minha vida seja uma oração de amor. Que a sua luz inunde o meu ser e me dê forças para aceitar, humildemente, o desafio de viver uma vida de feminilidade autêntica, tendo Maria como modelo.

SÓ POR HOJE
Vou aceitar o desafio da autenticidade.

Agradecimentos

Que alegria é poder dizer um "muito obrigada" público àquelas pessoas que têm sido fundamentais na minha jornada de mulher católica e escritora. Em primeiro lugar, gostaria de agradecer aos meus pais que sempre estiveram presentes como mentores e se mostraram tão empenhados em me transmitir o belo dom da fé. Por essa razão lhes serei eternamente grata.

Gostaria de agradecer àqueles que me incentivaram e contribuíram para o meu crescimento ao longo do caminho da autoaceitação, me ajudando, assim, a realizar o sonho de escrever um livro. São eles: Paul Goggi, meu guia, conselheiro e modelo; minha querida amiga e irmã de alma Susan Heffernan; meu diretor espiritual, Padre Darr Schoenhofen; Marti C., Debra C. e Jim P., que têm me encorajado à sua própria e peculiar maneira.

Gostaria de agradecer a Sue Lindsley por digitar o original ensopado desse manuscrito e a Donna Davis, que revisou a primeira edição com cuidadosa atenção, além de me oferecer palavras generosas de aconselhamento e estímulo.

Sou grata às muitas pessoas que abriram seus corações e compartilharam suas histórias comigo. Elas vão se reconhecer nestas páginas e saber quem são. Entretanto, mudei seus nomes e alguns detalhes para preservar sua privacidade.

Por fim, gostaria de agradecer ao meu amado e encantador marido e herói, Michael, que sempre me deu espaço e apoio para abrir minhas asas – contrabalançando-os com o seu exemplo discreto de conservar os pés firmemente plantados no chão.

E não poderia encerrar sem mandar um "oi" especial para a minha adorável filha, Mary Grace, verdadeira centelha do céu nas nossas vidas. Além de revelar possuir uma paciência além de seus anos – ao me dividir com o computador desde que nasceu – ela tem sido uma fonte constante de inspiração e alegria.

Enfim, o meu obrigada à minha irmã de alma e irmã espiritual, Krista Arduini, que nunca vacilou na sua crença de que eu seria escritora. Que ela não só tenha a última palavra... mas que ria por último também. (Descanse em paz, minha querida e divertida amiga!)

Notas

[1] JOÃO PAULO II. *Carta Apostólica Mulieris Dignitatem* [A dignidade e a vocação da mulher]. São Paulo: Loyola, 1988.

[2] STEIN, E. *A mulher*: sua missão segundo a natureza e a graça. Bauru: Edusc.

[3] SÃO JERÔNIMO. *Cartas* [s.n.t.].

[4] MOTHER TERESA & MOORE, T. *No Greater Love.* Nova York: MJF, 1995, p. 21.

[5] CHESTERTON, G.K. *Ortodoxia.* São Paulo: Mundo Cristão.

[6] MERTON, T. *Ascensão para a verdade.* Belo Horizonte: Itatiaia.

[7] NOUWEN, H. *Ministério criativo.* Curitiba: Palavra.

[8] MERTON, T. *Nenhum homem é uma ilha.* [s.l.]: Versus.

[9] GRIFFIN, E. *Clinging*: The Experience of Prayer. Nova York: Harper and Row, 1984, p. 10.

[10] DOBSON, J. *Audio Script*: Focus on the Family. Tape 6. Waco, TX: Word Incorporated, 1978.

[11] MOTHER TERESA. *Words to Love By.* Notre Dame: Ave Maria, 1994, p. 79.

[12] HUMMEL, C.E. *Livres da tirania da urgência*. Viçosa: Ultimato.

[13] STEIN, E. *A mulher*: sua missão segundo a natureza e a graça. Bauru: Edusc.

[14] KING JR., M.L. *Meu instinto de bumbo* [retirado de um sermão feito na Igreja Batista Ebenezer].

[15] HALPERN, D. *Sex Differences in Cognitive Abilities*. Mahway, NJ: Lawrence Erlbaun, 2000.

[16] VANIER, J. *The Scandal of Service*: Jesus Washes Our Feet. Ottawa: Novalis, 1996, p. 39.

[17] TERESA DE LISIEUX. *A história de uma alma*. São Paulo: Paulus.

[18] ALPHONSO, H. *Discovering Your Personal Vocation*. Mahwah: Paulist, 2001, p. 21, 26.

[19] RILKE, R.M. *Cartas a um jovem poeta*. Porto Alegre: L&PM.

[20] HARTMAN, M.J. *Queen Anne's Lace Blooms Again*. Franklin, TN: Providence House, 2002, p. 87.

[21] JOÃO PAULO II. *Carta Apostólica Mulieris Dignitatem* [A dignidade e a vocação da mulher]. São Paulo: Loyola, 1988, § 1.

[22] Ibid., § 30.

[23] O'DONOHUE, J. *Anam Cara* – Um livro de sabedoria celta. Rio de Janeiro: Rocco.

[24] HILLESUM, E. *Uma vida interrompida* – Os diários de Etty Hillesum, 1941-1943 e Cartas, 1942-1943. Rio de Janeiro: Record.

220

25 JOÃO PAULO II. *Homilia na cerimônia de canonização de Edith Stein*. Vaticano, 1998, § 7.

26 MOTHER TERESA. *Words to Love By*. Notre Dame: Ave Maria, 1994, p. 64.

27 BEECHER, H.W. *Life, Thoughts*: Gathered from the Extemporaneous Discourses of Henry Ward Beecher by One of His Congregation. Boston: Phillips, Sampson and Company, 1858, p. 33.

28 THÉRÈSE OF LISIEUX. *Collected Letters of Saint Thérèse of Lisieux*. Nova York: Sheed and Ward, 1949, p. 303.

29 NEWMAN, J.H. *Prayers, Verses, and Devotions*. São Francisco: Ignatius, 2002, p. 338.

30 TERESA DE LISIEUX. *A história de uma alma*. São Paulo: Paulus.

31 JOÃO PAULO II. *Novo Millennio Ineunte* [No início do novo milênio]. São Paulo: Paulinas.

32 *Maximiliano Kolbe* [Disponível em http://saints.sqpn.com/saintm01.htm Acesso em 14/04/2008].

221

Fontes

ALPHONSO, H. *Discovering Your Personal Vocation*. Mahwah: Paulist, 2001.

Catecismo da Igreja Católica. São Paulo: Loyola, 2015.

CHESTERTON, G.K. *Ortodoxia*. São Paulo: Mundo Cristão.

GRIFFIN, E. *Clinging*: The Experience of Prayer. Nova York: Harper and Row, 1984.

HARTMAN, M.J. *Queen Anne's Lace Blooms Again*. Franklin, TN: Providence House, 2002.

HILLESUM, E. *Uma vida interrompida* – Os diários de Etty Hillesum, 1941-1943 e Cartas, 1942-1943. Rio de Janeiro: Record.

MERTON, T. *Nenhum homem é uma ilha*. [s.l.]: Versus.

MOTHER TERESA. *Words to Love By*. Notre Dame: Ave Maria, 1994.

MOTHER TERESA & MOORE, T. *No Greater Love*. Nova York: MJF, 1995.

NEWMAN, J.H. *Prayers, Verses, and Devotions*. São Francisco: Ignatius, 2002.

NOUWEN, H. *Ministério criativo*. Curitiba: Palavra.

O'DONOHUE, J. *Anam Cara* – Um livro de sabedoria celta. Rio de Janeiro: Rocco.

PAPA JOÃO PAULO II. *Novo Millenio Ineunte* [No início do novo milênio]. São Paulo: Loyola, 2001.

_____. *Homilia na cerimônia de canonização de Edith Stein.* Vaticano, 1995.

_____. *Evangelium Vitae* [O evangelho da vida]. São Paulo: Paulinas, 1995.

_____. *Carta Apostólica Mulieris Dignitatem* [A dignidade e a vocação da mulher]. São Paulo: Loyola, 1988.

RILKE, R.M. *Cartas a um jovem poeta.* Porto Alegre: L&PM.

STEIN, E. *A mulher*: sua missão segundo a natureza e a graça. Bauru: Edusc.

TERESA DE LISIEUX. *A história de uma alma.* São Paulo: Paulus.

UDRIS, J. *Holy Daring*: The Fearless Trust of St. Thérèse of Lisieux. Herefordshire, Eng.: Graceway, 2004.

VANIER, J. *The Scandal of Service*: Jesus Washes our Feet. Otttawa: Novalis, 1996.

Espaço para anotações

Espaço para anotações

Espaço para anotações